».. .wir leben und sterben jeden Augenblick, . . .und da wir nur leben können, indem wir zugleich sterben, verbrauchen wir das Leben wie eine Sonne ihre Glut verbraucht. Erst aus dem Nichtsein, das wir ahnen, begreifen wir für Augenblicke, daß wir leben. Man freut sich. . . und weiß mit jedem Atemzug, daß alles, was ist, eine Gnade ist.«   (Max Frisch)

Diesem Bewußtsein ist der hier vorgelegte Kanon von Gedichten, Erzählungen und Betrachtungen bedeutender Schriftsteller verpflichtet. – Vergänglichkeit, Alter, Krankheit und Krise, Todessehnsucht, Todeserfahrung und Tod, Verzweiflung und Trauer, Trauer und Trost sind die Kapitel dieser Anthologie überschrieben, die allen Lesern viel zu geben vermag, die sich existentiell mit dem Leben auseinandersetzen wollen oder müssen.

Herbert Schnierle-Lutz ist Verlagslektor und Autor. Im Insel Verlag hat er bislang den Band »Hermann Hesse: Schauplätze seines Lebens« (it 1964) veröffentlicht.

insel taschenbuch 2693
Jeder Morgen will Abend werden

Jeder Morgen will Abend werden

BETRACHTUNGEN
ÜBER DIE VERGÄNGLICHKEIT

HERAUSGEGEBEN VON
HERBERT SCHNIERLE-LUTZ

INSEL VERLAG

Umschlagfoto: Florian Werner

insel taschenbuch 2693
Originalausgabe
Erste Auflage 2000
© Insel Verlag Frankfurt am Main und Leipzig 2000
Textnachweise am Schluß des Bandes
Vertrieb durch den Suhrkamp Taschenbuch Verlag
Umschlag nach Entwürfen von Willy Fleckhaus
Satz: Hümmer GmbH, Waldbüttelbrunn
Druck: Nomos Verlagsgesellschaft, Baden-Baden
Printed in Germany

1 2 3 4 5 6 — 05 04 03 02 01 00

INHALT

Statt eines Vorwortes
Max Frisch: »... wir leben und sterben
    jeden Augenblick«   15

Zueignung
Hermann Hesse: Stufen   17

»Vom Baum des Lebens fällt mir Blatt um Blatt« –
Vergänglichkeit

Altes Testament: Alles hat seine Zeit...   21
Johann Helwig: Eine Sanduhr   22
Andreas Gryphius: Es ist alles eitel   23
Christian Hofmann von Hofmannswaldau:
    Die Welt   23
Matthias Claudius: Der Mensch   24
Matthias Claudius: Motet   25
Johann Wolfgang Goethe: Grenzen der
    Menschheit   25
Friedrich Hölderlin: Hyperions Schicksalslied   27
Novalis: Hymnen an die Nacht   28
Heinrich Heine: Wo?   28
Theodor Fontane: Ausgang   29
Georg Trakl: Verfall   29
Hugo von Hofmannsthal:
    Ballade des äußeren Lebens   30
Georg Heym: Die Bienen fallen...   31
Hermann Hesse: Vergänglichkeit   31
Ingeborg Bachmann: Fall ab, Herz   32
Ernst Meister: Lang oder kurz ist die Zeit   33
Ernst Meister: Ach, in der Todeshaut   33

Ingeborg Bachmann: Reklame 34
Rose Ausländer: Federn 35

»Weh mir, wo nehm' ich, wenn es Winter ist,
die Blumen?« –
Alter

Menander: Wen die Götter lieben 39
Altes Testament: Unser Leben währet... 39
Johann Wolfgang Goethe: Das Alter 39
Christian Friedrich Daniel Schubart: Der Greis 39
Brüder Grimm: Die Lebenszeit 41
Friedrich Hölderlin: Ehmals und jetzt 42
Friedrich Hölderlin: Hälfte des Lebens 43
Joseph von Eichendorff: Im Alter 43
Hermann Hesse: Knarren eines geknickten Astes .. 44
Christine Busta: Der alte Fischer 44
Werner Bergengruen: Leben eines Mannes 45
Brüder Grimm: Der alte Großvater und der Enkel . 46
Horst Krüger: Über das Alter 46
Walter Helmut Fritz: Greisin 48
Peter Bichsel: Ein Tisch ist ein Tisch 49
Kurt Marti: Der schrumpfende Raum 53
Günter Kunert: Dahinfahren 55
Kurt Marti: Neapel sehen 55
Peter Bichsel: Die Löwen 57
Jörg Steiner: Entsorgung 58
Bertolt Brecht: Die unwürdige Greisin 59
Klaus Kordon: Einmal Amerika 65
Brief einer alten Bäuerin: Mein lieber Sohn 70
Rainer Malkowski: Die Alten 71
Hermann Hesse: Altwerden 72

»Der Tod wollte Gast sein in dieser Nacht« – Krankheit und Krise

Ernst Jünger: Krankheiten sind Anfragen   75
Andreas Gryphius: Tränen in schwerer Krankheit . . .   75
Matthias Claudius: Nach der Krankheit   76
Martin Greif: Vor der Ernte   77
Walter Neumann: Der Tod wollte Gast sein   77
Reiner Kunze: Bittgedanke, dir zu Füßen   78
Marie Luise Kaschnitz: Wann, wo   78
Kurt Marti: Meine Angst läßt grüßen   79
Günter Kunert: Meine Gedanken   80
Maxie Wander: Leben wär' eine prima Alternative . .   81
Else Lasker-Schüler: Weltende   85
Marlen Haushofer: Die Ratte   85
Ingeborg Bachmann: Strömung   92
Giuseppe Ungaretti: Ich bin eine Kreatur   92
Walter Helmut Fritz: Also fragen wir beständig   93
Naoya Shiga: Die Gegenwart des Todes   94
Rose Ausländer: Ich denke   101
Rose Ausländer: Mein Atem   102

»Ich möchte hingehn wie das Abendrot« – Todessehnsucht

Friedrich Hölderlin: Das Angenehme dieser Welt . . .   105
Joseph von Eichendorff: Im Abendrot   105
Johann Wilhelm Ludwig Gleim: Letztes Lied   106
Georg Herwegh: Ich möchte hingehn wie das
    Abendrot   106
Else Lasker-Schüler: Ich weiß   107
Hermann Hesse: Leb wohl, Frau Welt   108
Hermann Hesse: Welkes Blatt   108
Henri Michaux: Tragt mich fort   109

Grabspruch der Anna Pawlowa 109
Alexander Xaver Gwerder: Ohne Worte 110

»Es ist ein Schnitter...« –
Tod

Martin Luther: Mitten wyr im Leben... 113
Unbekannter Dichter: Schnitter Tod 113
Matthias Claudius: Der Tod 114
Friedrich Schiller: Gesang der Barmherzigen Brüder 115
Hugo von Hofmannsthal: Georg Büchner auf dem
    Totenbett 115
Ludwig Feuerbach: Der Tod enthüllt den Grund
    der Welt 115
Hans Carossa: Was einer ist 116
Nelly Sachs: Wer ruft? 116
Rainer Maria Rilke: Schlußstück 117
Bertolt Brecht: Über den Tod 117
Ungenannter Verfasser: Kurz vor seinem Tod 117
Ernst Meister: Im wandlosen Gefäß des Raums 118
Ilse Aichinger: Spiegelgeschichte 119
Giuseppe Ungaretti: Finale 130

»Du bist gegangen – ach –«
Todeserfahrung

Gotthold Ephraim Lessing: Zwei Briefe 133
Hermann Hesse: Der kleine Mohr 134
Silvio Blatter: Ein Schatten 137
Ina Seidel: Abschied 138
Barbara Bartos-Höppner: Meine Schwester 138
Matthias Claudius: Der Tod und das Mädchen 142
Georg Büchner: Lenz 143

Peter Huchel: Letzte Fahrt   144
Peter Weiss: Der Tod des Vaters   146
Karlheinz Deschner: Stimmen aus Staub   150
Jörg Fauser: Das Gewicht der Seele   153
Ulla Berkéwicz: Josef stirbt   155
Elisabeth Borchers: Zwei schnelle Tode   157

»Wir sind Protestleute gegen den Tod« –
Verzweiflung und Trauer

Friedrich Rückert: Aus den Kindertotenliedern   161
Rainer Maria Rilke: Aus dem Requiem   161
Georg Heym: Letzte Wache   162
Ina Seidel: Totenmahl   162
Mascha Kaléko: Memento   163
Stefan George: Kreuz der strasse...   164
Hermann Hesse: Bei der Nachricht vom Tod
  eines Freundes   164
Hermann Kesten: Die Toten sind unzufrieden   165
Kurt Marti: Wir sind Protestleute gegen den Tod . . .   166
Horst Bienek: Trauerarbeit   167
Kurt Marti: Was kommt nach dem Tod?   168

»Sei still – hör auf den Wind« –
Trauer und Trost

Johann Christian Günther: Trostaria   171
Johann Wolfgang Goethe: Woher sind wir
  geboren?   171
Johann Peter Hebel: Unverhofftes Wiedersehen   172
Annette von Droste-Hülshoff: Letzte Worte   174
Friedrich Hebbel: Requiem   175
Theodor Storm: Begrabe nur dein Liebstes!   176

Rainer Maria Rilke: O Herr, gib jedem seinen
    eigenen Tod 176
Rainer Maria Rilke: Der Tod der Geliebten 177
Hermann Hesse: Schmerz und Klage 177
Thornton Wilder: Bald werden wir alle sterben 178
Robert Musil: Sarkophagdeckel 178
Käthe Kollwitz: Brief an die Kinder 179
Günter Bruno Fuchs: Für ein Kind 179
Peter Härtling: Trauer und Trost 180
Sarah Kirsch: Dann werden wir kein Feuer brauchen 181
Giuseppe Ungaretti: Hört auf zu schreien 182
Archibald MacLeish: Mistral über den Gräbern 182
Rose Ausländer: Aufwiedersehn III 183
Rose Ausländer: Gruß und Lebewohl 183
Rose Ausländer: Nicht vorüber 184
Giuseppe Ungaretti: Für immer 184
Max Frisch: »– aber vor allem: standhalten« 185
Marie Luise Kaschnitz: Ein Leben nach dem Tode . 185

»Ich will Gesang, will Spiel und Tanz« –
Pietätlose Gedanken zum Schluß

Carl Michael Bellmann: So trolln wir uns 189
Ferdinand Raimund: Hobellied 190
Hermann Hesse: Der Mann von fünfzig Jahren 191
Ernst Jandl: sommerlied 191
Bertolt Brecht: Großer Dankchoral 192
Jacques Brel: Ich will Gesang, will Spiel und Tanz .. 193
Wolfdietrich Schnurre: Ich sehe es so 193
Kurt Tucholsky: Letzte Fahrt 194
Kurt Tucholsky: Mein Nachruf 196
Frauenburger Grabspruch 196

Autoren- und Quellenverzeichnis 197

Jeder Morgen
will Abend werden

»...wir leben und sterben jeden Augenblick, beides zugleich, nur daß das Leben geringer ist als das andere, seltener, und da wir nur leben können, indem wir zugleich sterben, verbrauchen wir es, wie eine Sonne ihre Glut verbraucht; wir spüren dieses immerwährende Gefälle zum Nichtsein, und darum denken wir an Tod, wo immer wir ein Gefälle sehen, das uns zum Vergleich wird für das Unvorstellbare, irgendein sichtbares Gefälle von Zeit: ein Ziehen der Wolken, ein fallendes Laub, ein Wachsen der Bäume, ein gleitendes Ufer, eine Allee mit neuem Grün, ein aufgehender Mond. Es gibt kein Leben ohne Angst vor dem andern; schon weil es ohne diese Angst, die unsere Tiefe ist, kein Leben gibt: erst aus dem Nichtsein, das wir ahnen, begreifen wir für Augenblicke, daß wir leben. Man freut sich seiner Muskeln, man freut sich, daß man gehen kann, man freut sich des Lichtes, das sich in unsrem dunklen Auge spiegelt, man freut sich seiner Haut und seiner Nerven, die uns so vieles spüren lassen, man freut sich und weiß mit jedem Atemzug, daß alles, was ist, eine Gnade ist. Ohne dieses spiegelnde Wachsein, das nur aus der Angst möglich ist, wären wir verloren; wir wären nie gewesen...«

MAX FRISCH (Tagebuch 1946/1949)

HERMANN HESSE
Stufen

Wie jede Blüte welkt und jede Jugend
Dem Alter weicht, blüht jede Lebensstufe,
Blüht jede Weisheit auch und jede Tugend
Zu ihrer Zeit und darf nicht ewig dauern.
Es muß das Herz bei jedem Lebensrufe
Bereit zum Abschied sein und Neubeginne,
Um sich in Tapferkeit und ohne Trauern
In andre, neue Bindungen zu geben.
Und jedem Anfang wohnt ein Zauber inne,
Der uns beschützt und der uns hilft zu leben.

Wir sollen heiter Raum um Raum durchschreiten,
An keinem wie an einer Heimat hängen,
Der Weltgeist will nicht fesseln uns und engen,
Er will uns Stuf' um Stufe heben, weiten.

Kaum sind wir heimisch einem Lebenskreise
Und traulich eingewohnt, so droht Erschlaffen,
Nur wer bereit zu Aufbruch ist und Reise,
Mag lähmender Gewöhnung sich entraffen.
Es wird vielleicht auch noch die Todesstunde
Uns neuen Räumen jung entgegensenden,
Des Lebens Ruf an uns wird niemals enden...
Wohlan denn, Herz, nimm Abschied und gesunde!

»Vom Baum des Lebens
fällt mir Blatt um Blatt«

VERGÄNGLICHKEIT

Ein jegliches hat seine Zeit, und alles Vorhaben unter dem Himmel hat seine Stunde:

geboren werden hat seine Zeit, sterben hat seine Zeit; pflanzen hat seine Zeit, ausreißen, was gepflanzt ist, hat seine Zeit;

töten hat seine Zeit, heilen hat seine Zeit; abbrechen hat seine Zeit, bauen hat seine Zeit;

weinen hat seine Zeit, lachen hat seine Zeit; klagen hat seine Zeit, tanzen hat seine Zeit;

Steine wegwerfen hat seine Zeit, Steine sammeln hat seine Zeit; herzen hat seine Zeit, aufhören zu herzen hat seine Zeit;

suchen hat seine Zeit, verlieren hat seine Zeit; behalten hat seine Zeit, wegwerfen hat seine Zeit;

zerreißen hat seine Zeit, zunähen hat seine Zeit; schweigen hat seine Zeit, reden hat seine Zeit;

lieben hat seine Zeit, hassen hat seine Zeit; Streit hat seine Zeit, Friede hat seine Zeit.

[...]

Denn es geht dem Menschen wie dem Vieh: wie dies stirbt, so stirbt auch er, und sie haben alle *einen* Odem, und der Mensch hat nichts voraus vor dem Vieh; denn es ist alles eitel.

Es fährt alles an *einen* Ort. Es ist alles aus Staub geworden und wird wieder zu Staub.

Prediger 3, Vers 1-2 und 19/20

JOHANN HELWIG
Eine Sanduhr

O Menschenkind beacht doch diese Warnung hier,
so dir bezeugt den Lauf deins Lebens für und für!
Bund * Unser Leben, schau, ringet stets im Kampf * Tod
bunt   Wann es lang gewährt, ists ein bloßer Dampf.   Glück
Geld   Hoffen uns erhält. Harren uns ernährt;   Not
schallt   Kummer, Krankheit, Sorg verzehrt   Tück
Welt   Wie im Glas geschwind   schnell
wallt: klarer Sand durchrinnt   Fäll
hellt   so allhier vergehet   wie
Freud   nicht bestehet   Wind
bellt   um und um   hie
Neid   Unsers Lebens Ruhm   sind
Blut   Ach! der blasse Tod   Pracht
Mut   ist ein Bot   Macht.
frisch   wohl bezüglet   Zeit
steht   und gar schnell geflüglet   alt
risch   gibet uns gar schlechte Frist   scheid
geht;   uns zu fällen sich stets rüst.   bald
hier   Heut vor abends droht er mir   leid
Hohn   Morgen kommet er und klopft deine Tür.   Freud,
Zwier   Es hilft kein Gewalt, es hilft nicht d'Pracht   Feind
Lohn. * Schön, klug, reich, stark jener nur verlacht. * Freund
Drum, Mensch, bedenk es wohl, bleib wachsam und gerüst
Klug sein und nicht viel Jahr die Ehr des Alters ist

ANDREAS GRYPHIUS
Es ist alles eitel

Du siehst, wohin du siehst, nur Eitelkeit auf Erden.
Was dieser heute baut, reißt jener morgen ein;
Wo jetzund Städte stehn, wird eine Wiese sein,
Auf der ein Schäferskind wird spielen mit den Herden.

Was jetzund prächtig blüht, soll bald zertreten werden;
Was jetzt so pocht und trotzt, ist morgen Asch und Bein;
Nichts ist, das ewig sei, kein Erz, kein Marmorstein,
jetzt lacht das Glück uns an, bald donnern die
                                    Beschwerden.

Der hohen Taten Ruhm muß wie ein Traum vergehn.
Soll denn das Spiel der Zeit, der leichte Mensch, bestehn?
Ach, was ist alles dies, was wir vor köstlich achten,

Als schlechte Nichtigkeit, als Schatten, Staub und Wind,
Als eine Wiesenblum, die man nicht wieder findt!
Noch will, was ewig ist, kein einig Mensch betrachten.

CHRISTIAN HOFMANN
VON HOFMANNSWALDAU
Die Welt

Was ist die Welt und ihr berühmtes Glänzen?
Was ist die Welt und ihre ganze Pracht?
Ein schnöder Schein in kurzgefaßten Grenzen,
Ein schneller Blitz bei schwarzgewölkter Nacht,
Ein buntes Feld, da Kummerdisteln grünen,
Ein schön Spital, so voller Krankheit steckt,
Ein Sklavenhaus, da alle Menschen dienen,
Ein faules Grab, so Alabaster deckt.

Das ist der Grund, darauf wir Menschen bauen
Und was das Fleisch für einen Abgott hält.
Komm, Seele, komm und lerne weiter schauen,
Als sich erstreckt der Zirkel dieser Welt!
Streich ab von dir derselben kurzes Prangen,
Halt ihre Lust für eine schwere Last:
So wirst du leicht in diesen Port gelangen,
Da Ewigkeit und Schönheit sich umfaßt.

MATTHIAS CLAUDIUS
Der Mensch

Empfangen und genähret
Vom Weibe wunderbar
Kömmt er und sieht und höret
Und nimmt des Trugs nicht wahr;
Gelüstet und begehret,
Und bringt sein Tränlein dar;
Verachtet und verehret,
Hat Freude und Gefahr;
Glaubt, zweifelt, wähnt und lehret,
Hält nichts und alles wahr;
Erbauet und zerstöret;
Und quält sich immerdar;
Schläft, wachet, wächst und zehret;
Trägt braun und graues Haar etc.
Und alles dieses währet,
Wenn's hoch kommt, achtzig Jahr.
Dann legt er sich zu seinen Vätern nieder,
Und er kömmt nimmer wieder.

Motet

Der Mensch lebt und bestehet
Nur eine kleine Zeit;
Und alle Welt vergehet
Mit ihrer Herrlichkeit.
Es ist nur Einer ewig und an allen Enden,
Und wir in seinen Händen.

JOHANN WOLFGANG GOETHE
Grenzen der Menschheit

Wenn der uralte
Heilige Vater
Mit gelassener Hand
Aus rollenden Wolken
Segnende Blitze
Über die Erde sät,
Küss ich den letzten
Saum seines Kleides
Kindliche Schauer
Treu in der Brust.

Denn mit Göttern
Soll sich nicht messen
Irgendein Mensch.
Hebt er sich aufwärts
Und berührt
Mit dem Scheitel die Sterne,
Nirgends haften dann
Die unsichern Sohlen,
Und mit ihm spielen
Wolken und Winde.

Steht er mit festen,
Markigen Knochen
Auf der wohlgegründeten
Dauernden Erde,
Reicht er nicht auf,
Nur mit der Eiche
Oder der Rebe
Sich zu vergleichen.

Was unterscheidet
Götter von Menschen?
Daß viele Wellen
Vor jenen wandeln,
Ein ewiger Strom:
Uns hebt die Welle,
Verschlingt die Welle,
Und wir versinken.

Ein kleiner Ring
Begrenzt unser Leben,
Und viele Geschlechter
Reihen sich dauernd
An ihres Daseins
Unendliche Kette.

Hyperions Schicksalslied

Ihr wandelt droben im Licht
  Auf weichem Boden, selige Genien!
    Glänzende Götterlüfte
    Rühren euch leicht,
      Wie die Finger der Künstlerin
      Heilige Saiten.

Schicksallos, wie der schlafende
  Säugling, atmen die Himmlischen;
    Keusch bewahrt
    In bescheidener Knospe,
     Blühet ewig
      Ihnen der Geist,
       Und die seligen Augen
       Blicken in stiller
        Ewiger Klarheit.

Doch uns ist gegeben,
  Auf keiner Stätte zu ruhn,
   Es schwinden, es fallen
    Die leidenden Menschen
    Blindlings von einer
     Stunde zur andern,
      Wie Wasser von Klippe
      Zu Klippe geworfen,
       Jahrlang ins Ungewisse hinab.

…ein ewig buntes Fest der Himmelskinder und der Erd-
bewohner rauschte das Leben, wie ein Frühling, durch die
Jahrhunderte hin – …
Ein Gedanke nur war es,
Ein entsetzliches Traumbild,

Das furchtbar zu den frohen Tischen trat
Und das Gemüth in wilde Schrecken hüllte …
Es war der Tod, der dieses Lustgelag
Mit Angst und Schmerz und Thränen unterbrach.

HEINRICH HEINE
Wo?

Wo wird einst des Wandermüden
Letzte Ruhestätte sein?
Unter Palmen in dem Süden?
Unter Linden an dem Rhein?

Werd ich wo in einer Wüste
Eingescharrt von fremder Hand?
Oder ruh ich an der Küste
Eines Meeres in dem Sand?

Immerhin! Mich wird umgeben
Gotteshimmel, dort wie hier,
Und als Totenlampen schweben
Nachts die Sterne über mir.

THEODOR FONTANE
Ausgang

Immer enger, leise, leise
Ziehen sich die Lebenskreise,
Schwindet hin, was prahlt und prunkt,
Schwindet Hoffen, Hassen, Lieben,
Und ist nichts in Sicht geblieben
Als der letzte dunkle Punkt.

GEORG TRAKL
Verfall

Am Abend, wenn die Glocken Frieden läuten,
Folg ich der Vögel wundervollen Flügen,
Die lang geschart, gleich frommen Pilgerzügen,
Entschwinden in den herbstlich klaren Weiten.

Hinwandelnd durch den dämmervollen Garten
Träum ich nach ihren helleren Geschicken
Und fühl der Stunden Weiser kaum mehr rücken.
So folg ich über Wolken ihren Fahrten.

Da macht ein Hauch mich von Verfall erzittern.
Die Amsel klagt in den entlaubten Zweigen.
Es schwankt der rote Wein an rostigen Gittern,

Indes wie blasser Kinder Todesreigen
Um dunkle Brunnenränder, die verwittern,
Im Wind sich frostelnd blaue Astern neigen.

Und Kinder wachsen auf mit tiefen Augen,
Die von nichts wissen, wachsen auf und sterben,
Und alle Menschen gehen ihre Wege.

Und süße Früchte werden aus den herben
Und fallen nachts wie tote Vögel nieder
Und liegen wenig Tage und verderben.

Und immer weht der Wind, und immer wieder
Vernehmen wir und reden viele Worte
Und spüren Lust und Müdigkeit der Glieder.

Und Straßen laufen durch das Gras, und Orte
Sind da und dort, voll Fackeln, Bäumen, Teichen,
Und drohende, und totenhaft verdorrte...

Wozu sind diese aufgebaut? und gleichen
Einander nie? und sind unzählig viele?
Was wechselt Lachen, Weinen und Erbleichen?

Was frommt das alles uns und diese Spiele,
Die wir doch groß und ewig einsam sind
Und wandernd nimmer suchen irgend Ziele?

Was frommts, dergleichen viel gesehen haben?
Und dennoch sagt der viel, der »Abend« sagt,
Ein Wort, daraus Tiefsinn und Trauer rinnt

Wie schwerer Honig aus den hohlen Waben.

Die Bienen fallen in den dünnen Röcken
Im Rauhreif tot aus den verblaßten Lüften,
Die nicht mehr kehren rückwärts zu den Stöcken.

Die Blumen hängen auf den braunen Stielen
An einem Morgen plötzlich leer von Düften,
Die bald im Staub der rauhen Winde sielen.

Die langen Kähne, die das Jahr verschlafen,
Mit schlaffem Wimpel hängend in der Schwäche,
Sind eingebracht im winterlichen Hafen.

Die Menschen aber, die vergessen werden,
Hat Winter weit zerstreut in kahler Fläche
Und bläst sie flüchtig über dunkle Erden.

HERMANN HESSE
Vergänglichkeit

Vom Baum des Lebens fällt
Mir Blatt um Blatt.
O taumelbunte Welt,
Wie machst du satt,
Wie machst du satt und müd,
Wie machst du trunken!
Was heut noch glüht,
Ist bald versunken.
Bald klirrt der Wind
Über mein braunes Grab,
Über das kleine Kind
Beugt sich die Mutter herab.
Ihre Augen will ich wiedersehn,

Ihr Blick ist mein Stern,
Alles andre mag gehn und verwehn,
Alles stirbt, alles stirbt gern.
Nur die ewige Mutter bleibt,
Von der wir kamen,
Ihr spielender Finger schreibt
In die flüchtige Luft unsre Namen.

INGEBORG BACHMANN
Fall ab, Herz

Fall ab, Herz, vom Baum der Zeit,
fallt, ihr Blätter, aus den erkalteten Ästen,
die einst die Sonne umarmt',
fallt, wie Tränen fallen aus dem geweiteten Aug!

Fliegt noch die Locke taglang im Wind
um des Landgotts gebräunte Stirn,
unter dem Hemd preßt die Faust
schon die klaffende Wunde.

Drum sei hart, wenn der zarte Rücken der Wolken
sich dir einmal noch beugt,
nimm es für nichts, wenn der Hymettos die Waben
noch einmal dir füllt.

Denn wenig gilt dem Landmann ein Halm in der Dürre,
wenig ein Sommer vor unserem großen Geschlecht.

Und was bezeugt schon dein Herz?
Zwischen gestern und morgen schwingt es,
lautlos und fremd,
und was es schlägt,
ist schon sein Fall aus der Zeit.

ERNST MEISTER
Lang oder kurz ist die Zeit

Lang oder kurz ist die Zeit,
und das Wahre,
das sich ereignen wird,
heißt Sterben.

Danach bist du
gleichsinnig mit
der Erde, dem Himmel,
die sich nicht wissen.
(Aber wer bist du noch?)

Was eigentlich hieß denn das:
geboren, Zeit zu gebären
im Unterfangen des Bewußtseins –
wozu »ich«?

ERNST MEISTER
Ach, in der Todeshaut

Ach, in der
eigenen, ach,
in der Todeshaut...

Wir haben,
wenn wir uns wissen,
nur einigermaßen
gewonnen,
denn das Treiben geschieht
im Rücken, niemand
kommt hinter sich.

Da vorn
ist das Grab.

Wie die Luft
ein Geranke bewegt,
Blumen sich regen,
damit sind innen
manchmal
die Augen befaßt.

INGEBORG BACHMANN
Reklame

Wohin aber gehen wir
ohne sorge sei ohne sorge
wenn es dunkel und wenn es kalt wird
sei ohne sorge
aber
mit musik
was sollen wir tun
heiter und mit musik
und denken
heiter
angesichts eines Endes
mit musik
und wohin tragen wir
am besten
unsre Fragen und den Schauer aller Jahre
in die Traumwäscherei ohne sorge sei ohne sorge
was aber geschieht
am besten
wenn Totenstille

eintritt

ROSE AUSLÄNDER
Federn

Sichtbar im Fenster die
Zeit
ein Vogel dessen Federn
aufleuchten
sich spreizen und
von dunklen Fingern
gerupft werden

Der Vogel hat keinen Körper
nur Federn die
wachsen
dir unter die Haut

»Weh mir, wo nehm' ich,
wenn es Winter ist, die Blumen?«

ALTER

Wen die Götter lieben, der stirbt jung.

Unser Leben währet siebzig Jahre, / und wenn's hoch kommt, so sind's achtzig Jahre,
    und was daran köstlich scheint, / ist doch nur vergebliche Mühe;
    denn es fähret schnell dahin, / als flögen wir davon.
    [...]
    Lehre uns bedenken, daß wir sterben müssen, / auf daß wir klug werden.

Psalm 90, Vers 10 und 12

JOHANN WOLFGANG GOETHE
Das Alter

Das Alter ist ein höflich Mann:
Einmal übers andre klopft er an,
Aber nun sagt niemand: Herein!
Und vor der Türe will er nicht sein.
Da klinkt er auf, tritt ein so schnell,
Und nun heißt's, er sei ein grober Gesell.

CHRISTIAN FRIEDRICH DANIEL SCHUBART
Der Greis

Die bösen Tage sind kommen;
Da sind sie nun, die Jahre,
Von denen ich sagen muß:

Leer sind sie mir von Freuden!
Sonne, Licht, Mond und Sterne
Dunkeln um mich; ich sehe nur Wolken
Und höre nur rasselnden Regen.
Die Hüter meiner Leibeshütte, die Hände, zittern.
Es krümmen sich die Starken, meine Füße.
Meine Zähne, die Mühlenmägde,
Haben Feierabend gemacht.
Aus den Fenstern der Augen blicken nicht mehr
Freundlich lächelnde Geister.
Verschlossen sind die Türen nach der Straße,

Denn vergebens horcht das Ohr nach Vogellaut;
Verstummt sind ihm die Töchter des Gesangs.
Schwindelnd fürcht ich mich auf dem Hügel
Und schrecke beim Tritte auf ebenem Wege.
Gleich dem Mandelbaume blüht mein Scheitelhaar.
An meinem Stabe zusammengekrümmt,
Bin ich der Heuschrecke gleich.
Vertrocknet ist in mir die Lust.
Bald werd ich beziehen mein ewiges Haus –
Und die Kläger werden beflort gehen auf den Gassen.

Doch einst wird des Lebens Silberstrick wieder
                                    geflochten,
Neugeschaffen mein Herz, die güldene Kugel.
Dann rasselt wieder am Rade des Brunnens der Eimer
Und schöpft aus dem Quelle lebendes Wasser.
Geselle dich immer zur Erde, mein Staub;
Bist ja mit ihr verwandt.
Du aber, mein Geist,
Fleugst auf zu Gott, der dich gegeben hat.

Als Gott die Welt geschaffen hatte und allen Kreaturen ihre Lebenszeit bestimmen wollte, kam der Esel und fragte: »Herr, wie lange soll ich leben?« – »Dreißig Jahre«, antwortete Gott, »ist dir das recht?« – »Ach Herr«, erwiderte der Esel, »das ist eine lange Zeit. Bedenke mein mühseliges Dasein: von Morgen bis in die Nacht schwere Lasten tragen, Kornsäcke in die Mühle schleppen, damit andere das Brot essen, mit nichts als mit Schlägen und Fußtritten ermuntert und aufgefrischt zu werden! Erlaß mir einen Teil der langen Zeit!« Da erbarmte sich Gott und schenkte ihm achtzehn Jahre. Der Esel ging getröstet weg, und der Hund erschien. »Wie lange willst du leben?« sprach Gott zu ihm. »Dem Esel sind dreißig Jahre zu viel, du aber wirst damit zufrieden sein.« – »Herr«, antwortete der Hund, »ist das dein Wille? Bedenke, was ich laufen muß, das halten meine Füße so lange nicht aus; und habe ich erst die Stimme zum Bellen verloren und die Zähne zum Beißen, was bleibt mir übrig, als aus einer Ecke in die andere zu laufen und zu knurren?« Gott sah, daß er recht hatte, und erließ ihm zwölf Jahre. Darauf kam der Affe. »Du willst wohl gerne dreißig Jahre leben?« sprach der Herr zu ihm. »Du brauchst nicht zu arbeiten wie der Esel und der Hund und bist immer guter Dinge.« – »Ach Herr«, antwortete er, »das sieht so aus, ist aber anders. Wenn's Hirsenbrei regnet, habe ich keinen Löffel. Ich soll immer lustige Streiche machen, Gesichter schneiden, damit die Leute lachen, und wenn sie mir einen Apfel reichen, und ich beiße hinein, so ist er sauer. Wie oft steckt die Traurigkeit hinter dem Spaß! Dreißig Jahre halte ich das nicht aus.« Gott war gnädig und schenkte ihm zehn Jahre. Endlich erschien der Mensch, war freudig, gesund und frisch und bat Gott, ihm seine Zeit zu bestimmen. »Dreißig Jahre sollst du leben«, sprach der Herr, »ist dir das genug?« – »Welch eine kurze Zeit!« rief der Mensch. »Wenn ich mein Haus gebaut habe und das Feuer auf meinem eigenen Herde brennt, wenn ich Bäume gepflanzt habe, die blühen und Früchte tragen, und ich meines Lebens froh zu werden gedenke, so soll ich sterben! O Herr, verlängere meine Zeit!« – »Ich will dir die achtzehn Jahre des Esels zulegen«, sagte Gott. – »Das ist nicht genug«, erwiderte der Mensch. – »Du sollst auch die zwölf Jahre des Hundes haben.« – »Immer noch zu wenig.« – »Wohlan«, sagte Gott, »ich will dir noch die zehn Jahre des Affen geben, aber mehr erhältst du nicht.« Der Mensch ging fort, war aber nicht zufriedengestellt.

Also lebt der Mensch siebenzig Jahr. Die ersten dreißig sind seine menschlichen Jahre, die gehen schnell dahin; da ist er gesund, heiter, arbeitet mit Lust und freut sich seines Daseins. Hierauf folgen die achtzehn Jahre des Esels, da wird ihm eine Last nach der andern aufgelegt: Er muß das Korn tragen, das andere nährt, und Schläge und Tritte sind der Lohn seiner treuen Dienste. Dann kommen die zwölf Jahre des Hundes, da liegt er in den Ecken, knurrt und hat keine Zähne mehr zum Beißen. Und wenn diese Zeit vorüber ist, so machen die zehn Jahre des Affen den Beschluß. Da ist der Mensch schwachköpfig und närrisch, treibt alberne Dinge und wird ein Spott der Kinder.

FRIEDRICH HÖLDERLIN
Ehmals und jetzt

In jüngern Tagen war ich des Morgens froh,
    Des Abends weint' ich; jetzt, da ich älter bin,
        Beginn ich zweifelnd meinen Tag, doch
            Heilig und heiter ist mir sein Ende.

FRIEDRICH HÖLDERLIN
Hälfte des Lebens

Mit gelben Birnen hänget
Und voll mit wilden Rosen
Das Land in den See,
Ihr holden Schwäne,
Und trunken von Küssen
Tunkt ihr das Haupt
Ins heilignüchterne Wasser.

Weh mir, wo nehm' ich, wenn
Es Winter ist, die Blumen, und wo
Den Sonnenschein,
Und Schatten der Erde?
Die Mauern stehn
Sprachlos und kalt, im Winde
Klirren die Fahnen.

JOSEPH FREIHERR VON EICHENDORFF
Im Alter

Wie wird nun alles so stille wieder!
So war mir's oft in der Kinderzeit,
Die Bäche gehen rauschend nieder
Durch die dämmernde Einsamkeit,
Kaum noch hört man einen Hirten singen,
Aus allen Dörfern, Schluchten, weit
Die Abendglocken herüberklingen,
Versunken nun mit Lust und Leid
Die Täler, die noch einmal blitzen,
Nur hinter dem stillen Walde weit
Noch Abendröte an den Bergesspitzen,
Wie Morgenrot der Ewigkeit.

HERMANN HESSE
Knarren eines geknickten Astes

Splittrig geknickter Ast,
Hangend schon Jahr um Jahr,
Trocken knarrt er im Wind sein Lied.
Ohne Laub, ohne Rinde,
Kahl, fahl, zu langen Lebens,
Zu langen Sterbens müd.
Hart klingt und zäh sein Gesang,
Klingt trotzig, klingt heimlich bang
Noch einen Sommer,
Noch einen Winter lang.

CHRISTINE BUSTA
Der alte Fischer

Prüfend seiht er die Wasser des Stromes.
Er hat die Zeit im Netz:
den Morgen, den Mittag, den Abend,
die Schicksalszeichen des Jahrs:
das Treibholz des Frühlings,
eine Raufe Sturmheu vom Sommer,
verworfene Herbstfrucht.
Und immer wieder Geheimnis:
ein totes Kätzchen,
einen Kinderschuh,
eine algenversponnene Mütze.
Und viel Geduld.

Nur selten glänzt ihm noch
ein Fisch als Beute.
Der poltert seltsam
nachts in morscher Reuse.

Gestern fuhr ich Fische fangen,
Heut bin ich zum Wein gegangen,
– Morgen bin ich tot –
Grüne, goldgeschuppte Fische,
Rote Pfützen auf dem Tische,
Rings um weißes Brot.

Gestern ist es Mai gewesen,
Heute wolln wir Verse lesen,
Morgen wolln wir Schweine stechen,
Würste machen, Äpfel brechen,
Pfundweis alle Bettler stopfen
Und auf pralle Bäuche klopfen,
– Morgen bin ich tot –
Rosen setzen, Ulmen pflanzen,
Schlittenfahren, fastnachtstanzen,
Netze flicken, Lauten rühren,
Häuser bauen, Kriege führen,
Frauen nehmen, Kinder zeugen,
Übermorgen Kniee beugen,
Übermorgen Knechte löhnen,
Übermorgen Gott versöhnen –
Morgen bin ich tot.

Es war einmal ein steinalter Mann, dem waren die Augen
trüb geworden, die Ohren taub, und die Knie zitterten ihm.
Wenn er nun bei Tische saß und den Löffel kaum halten
konnte, schüttete er Suppe auf das Tischtuch, und es floß
ihm auch etwas wieder aus dem Mund. Sein Sohn und dessen Frau ekelten sich davor, und deswegen mußte sich der
alte Großvater endlich hinter den Ofen in die Ecke setzen,
und sie gaben ihm sein Essen in ein irdenes Schüsselchen
und noch dazu nicht einmal satt; da sah er betrübt nach
dem Tisch, und die Augen wurden ihm naß. Einmal auch
konnten seine zitterigen Hände das Schüsselchen nicht
festhalten, es fiel zur Erde und zerbrach. Die junge Frau
schalt, er sagte aber nichts und seufzte nur. Da kaufte sie
ihm ein hölzernes Schüsselchen für ein paar Heller, daraus
mußte er nun essen. Wie sie da so sitzen, so trägt der kleine
Enkel von vier Jahren auf der Erde kleine Brettlein zusammen. »Was machst du da«? fragte der Vater. – »Ich mache
ein Tröglein«, antwortete das Kind, »daraus sollen Vater
und Mutter essen, wenn ich groß bin.« Da sahen sich Mann
und Frau eine Weile an, fingen endlich an zu weinen, holten
alsofort den alten Großvater an den Tisch und ließen ihn
von nun an immer mitessen, sagten auch nichts, wenn er
ein wenig verschüttete.

Dieses Bild neulich, vor meinem Haus, einem Frankfurter
Hochhaus. Ich werde es so bald nicht vergessen. Die alte
Frau, die immer die Straße zu überqueren versuchte, mor-
gens, kurz vor neun. Man weiß, welch ein Autoverkehr sich

morgens durch unsere City drängt, schiebt. Fahren kann man das nicht mehr nennen, diese präzise und zugleich rabiate Zentimeterarbeit entschlossener Bundesbürger, die alle auf gleiche Weise zur Arbeit drängen. Die alte Frau also, die drüben am anderen Straßenrand stand. Ich sah sie, eben aus dem Hause tretend. Es war ein kühler, schöner, sonniger Herbstmorgen. Altweibersommer, sagt man wohl. Eigentlich war alles angetan, um dankbar und fröhlich zu sein, wenigstens die ersten Minuten. Ich war zuversichtlich, gutgestimmt aufgestanden, und dann verging mir die Stimmung blitzschnell. Ich sah, wie das Alter behandelt wird, hierzulande. Wie?

Ich sah, daß die Frau die Straße zu überqueren versuchte, die hier nicht breit und gefährlich ist, vielleicht sieben oder acht Meter breit, mehr nicht. Wie sie ansetzte, dann wieder zurückwich, auf ihren Bürgersteig zurücktrat, dann wieder ansetzte, den Autos, die ja nicht fuhren, sondern zentimeterweise schlichen, ein Zeichen gab. Schließlich, nach längerer Weile, kam sie zwischen den stehenden Autos herüber. Sie bahnte sich mit ihrem Stock, zittrig und stolz zugleich, ihren Weg. Es war eine wirklich sehr alte Frau, wie ich erst jetzt sah, vielleicht schon achtzig, mit einem dunklen, langen Mantel, Topfhut und so. Solche Menschen haben merkwürdig verlangsamte und steife Gebärden. Sie passen nicht mehr in diese gelenkige Gesellschaft. Einsamkeit geht mit ihnen. Steife und eingefrorene Vereinzelung, die zugleich einen Rest störrischen Stolzes spüren läßt: Wir sind auch noch da, bitte. Ihre Gesichter sind meistens von Enttäuschung, von Verzicht geprägt. Sie ging zur Haustafel mit den Namensschildern. Sie nestelte in ihrer schwarzen Handtasche herum, nahm eine Brille heraus, und ich wußte schon, was nun kommen würde. Was denn? Sie würde hier beim Arzt klingeln, der in diesem Frankfurter Hochhaus im ersten Stock eine Praxis für Neurologie betreibt. Ich meine: Wo sonst? Wer interessiert sich so früh in einem solchen

Wolkenkratzer, in dem es wimmelt von Immobilienmaklern, Kontaktklubs, Handelskontoren und Huren, sonst noch für so alte Menschen? Es war still und leer im Haus. Die Arztpraxis war noch nicht geöffnet. Sie klingelte also vergebens. Sie stand dann nur herum, ratlos, und wirkte inmitten dieser chromglänzenden und strahlenden Betonwelt wie das Alter in Menschengestalt, also überflüssig. Auch ich ging dann weg. Ich dachte: Es ist schlimm, seinen eigenen Tod so zu überleben. Das ist vielleicht das Schlimmste, was dem Menschen passieren kann: nicht rechtzeitig sterben zu dürfen.

WALTER HELMUT FRITZ
Greisin

Immer mehr Menschen.
Aber sie ist allein.

Die Welt überfüllt,
und doch leer.

Die Jahre kälter,
ein Korridor.

Schatten bleiben
überall hängen,
sind deutlicher
als Fenster und Tür.

Alles weggerückt,
selbst der Tisch,
an dem sie sitzt.

Ein Tisch ist ein Tisch

Ich will von einem alten Mann erzählen, von einem Mann, der kein Wort mehr sagt, ein müdes Gesicht hat, zu müd zum Lächeln und zu müd, um böse zu sein. Er wohnt in einer kleinen Stadt, am Ende der Straße, nahe der Kreuzung. Es lohnt sich fast nicht, ihn zu beschreiben, kaum etwas unterscheidet ihn von andern. Er trägt einen grauen Hut, graue Hosen, einen grauen Rock und im Winter den langen grauen Mantel, und er hat einen dünnen Hals, dessen Haut trocken und runzelig ist, die weißen Hemdkragen sind ihm viel zu weit.

Im obersten Stock des Hauses hat er sein Zimmer, vielleicht war er verheiratet und hatte Kinder, vielleicht wohnte er früher in einer andern Stadt. Bestimmt war er einmal ein Kind, aber das war zu einer Zeit, wo die Kinder wie Erwachsene angezogen waren. Man sieht sie so im Fotoalbum der Großmutter. In seinem Zimmer sind zwei Stühle, ein Tisch, ein Teppich, ein Bett und ein Schrank. Auf einem kleinen Tisch steht ein Wecker, daneben liegen alte Zeitungen und das Fotoalbum, an der Wand hängen ein Spiegel und ein Bild.

Der alte Mann machte morgens einen Spaziergang und nachmittags einen Spaziergang, sprach ein paar Worte mit seinen Nachbarn, und abends saß er an seinem Tisch.

Das änderte sich nie, auch sonntags war das so.

Und wenn der Mann am Tisch saß, hörte er den Wecker ticken, immer den Wecker ticken.

Dann gab es einmal einen besonderen Tag, einen Tag mit Sonne, nicht zu heiß, nicht zu kalt, mit Vogelgezwitscher, mit freundlichen Leuten, mit Kindern, die spielten – und das Besondere war, daß alles dem Mann plötzlich gefiel.

Er lächelte.

»Jetzt wird sich alles ändern«, dachte er.

Er öffnete den obersten Hemdknopf, nahm den Hut in die Hand, beschleunigte seinen Gang, wippte sogar beim Gehen ein bißchen in den Knien und freute sich. Er kam in seine Straße, nickte den Kindern zu, ging vor sein Haus, stieg die Treppe hoch, nahm die Schlüssel aus der Tasche, freute sich über ihr Klingeln und schloß sein Zimmer auf.

Aber im Zimmer war alles gleich, ein Tisch, zwei Stühle, ein Bett. Und wie er sich hinsetzte, hörte er wieder das Ticken, und alle Freude war vorbei, denn nichts änderte sich.

Und den Mann überkam eine große Wut.

Er sah im Spiegel sein Gesicht rot anlaufen, sah, wie er die Augen zukniff; dann verkrampfte er seine Hände zu Fäusten, hob sie und schlug mit ihnen auf die Tischplatte, erst nur einen Schlag, dann noch einen, und dann begann er auf den Tisch zu trommeln und schrie dazu immer wieder:

»Es muß sich ändern, es muß sich ändern!«

Und man hörte den Wecker nicht mehr.

Und dann begannen seine Hände zu schmerzen, seine Stimme versagte, dann hörte man den Wecker wieder, und nichts änderte sich.

»Immer derselbe Tisch«, sagte der Mann, »dieselben Stühle, das Bett, das Bild. Und dem Tisch sage ich Tisch, dem Bild sage ich Bild, das Bett heißt Bett, und den Stuhl nennt man Stuhl. Warum denn eigentlich?« Die Franzosen sagen dem Bett ›li‹, dem Tisch ›tabl‹, nennen das Bild ›tablo‹ und den Stuhl ›schäs‹, und sie verstehen sich. Und die Chinesen verstehen sich auch.

»Weshalb heißt das Bett nicht Bild«, dachte der Mann und lächelte, dann lachte er, lachte, bis die Nachbarn an die Wand klopften und »Ruhe« riefen.

»Jetzt ändert es sich«, rief er, und er sagte von nun an dem Bett ›Bild‹.

»Ich bin müde, ich will ins Bild«, sagte er, und morgens blieb er oft lange im Bild liegen und überlegte, wie er nun dem Stuhl sagen wolle, und er nannte den Stuhl ›Wecker‹.

Er stand also auf, zog sich an, setzte sich auf den Wecker und stützte die Arme auf den Tisch. Aber der Tisch hieß jetzt nicht mehr Tisch, er hieß jetzt Teppich. Am Morgen verließ also der Mann das Bild, zog sich an, setzte sich an den Teppich auf den Wecker und überlegte, wem er wie sagen könnte.

Dem Bett sagte er Bild.

Dem Tisch sagte er Teppich.

Dem Stuhl sagte er Wecker.

Der Zeitung sagte er Bett.

Dem Spiegel sagte er Stuhl.

Dem Wecker sagte er Fotoalbum.

Dem Schrank sagte er Zeitung.

Dem Teppich sagte er Schrank.

Dem Bild sagte er Tisch.

Und dem Fotoalbum sagte er Spiegel.

Also:

Am Morgen blieb der alte Mann lange im Bild liegen, um neun läutete das Fotoalbum, der Mann stand auf und stellte sich auf den Schrank, damit er nicht an die Füße fror, dann nahm er seine Kleider aus der Zeitung, zog sich an, schaute in den Stuhl an der Wand, setzte sich dann auf den Wecker an den Teppich und blätterte den Spiegel durch, bis er den Tisch seiner Mutter fand.

Vielleicht findet ihr das lustig. Der Mann fand es sogar sehr lustig, und er übte den ganzen Tag und prägte sich die neuen Wörter ein. Jetzt wurde alles umbenannt: Er war jetzt kein Mann mehr, sondern ein Fuß, und der Fuß war ein Morgen und der Morgen ein Mann.

Wenn es euch Spaß macht, könnt ihr die Geschichte selbst weiterschreiben. Und dann könnt ihr, so wie es der Mann machte, auch die andern Wörter austauschen:

läuten heißt stellen,
frieren heißt schauen,
liegen heißt läuten,
stehen heißt frieren,
stellen heißt blättern.
So daß es dann heißt:

Am Mann blieb der alte Fuß lange im Bild läuten, um neun stellte das Fotoalbum, der Fuß fror auf und blätterte sich auf den Schrank, damit er nicht an die Morgen schaute.

Der alte Mann kaufte sich blaue Schulhefte und schrieb sie mit den neuen Wörtern voll, und er hatte viel zu tun damit, und man sah ihn nur noch selten auf der Straße.

Dann lernte er für alle Dinge die neuen Bezeichnungen und vergaß dabei mehr und mehr die richtigen. Er hatte jetzt eine neue Sprache, die ihm ganz allein gehörte.

Hie und da träumte er schon in der neuen Sprache, und dann übersetzte er die Lieder aus seiner Schulzeit in seine Sprache, und er sang sie leise vor sich hin.

Aber bald fiel ihm auch das Übersetzen schwer, er hatte seine alte Sprache fast vergessen, und er mußte die richtigen Wörter in seinen blauen Heften suchen.

Und es machte ihm Angst, mit den Leuten zu sprechen. Er mußte lange nachdenken, wie die Leute den Dingen sagen.

Seinem Bild sagen die Leute Bett.
Seinem Teppich sagen die Leute Tisch.
Seinem Wecker sagen die Leute Stuhl.
Seinem Bett sagen die Leute Zeitung.
Seinem Stuhl sagen die Leute Spiegel.
Seinem Fotoalbum sagen die Leute Wecker.
Seiner Zeitung sagen die Leute Schrank.
Seinem Schrank sagen die Leute Teppich.
Seinem Tisch sagen die Leute Bild.
Seinem Spiegel sagen die Leute Fotoalbum.

Und es kam so weit, daß der Mann lachen mußte, wenn er die Leute reden hörte.

Er mußte lachen, wenn er hörte, wie jemand sagte: »Gehen Sie morgen auch zum Fußballspiel?« Oder wenn jemand sagte: »Jetzt regnet es schon zwei Monate lang.« Oder wenn jemand sagte: »Ich habe einen Onkel in Amerika.«

Er mußte lachen, weil er all das nicht verstand.

Aber eine lustige Geschichte ist das nicht.

Sie hat traurig angefangen und hört traurig auf.

Der alte Mann im grauen Mantel konnte die Leute nicht mehr verstehen, das war nicht so schlimm.

Viel schlimmer war, sie konnten ihn nicht mehr verstehen.

Und deshalb sagte er nichts mehr.

Er schwieg,

sprach nur noch mit sich selbst,

grüßte nicht einmal mehr.

KURT MARTI
Der schrumpfende Raum

Du wirst doch nicht, sagte der Jüngere. O nein, sagte der Ältere. Zwischen ihnen stand eine Karaffe, in der Karaffe Wein. Das Leben ist ein schrumpfender Raum, sagte der Ältere. Es wird immer wieder schön, sagte der Jüngere, oft ist es beschissen, aber es wird immer wieder schön. Es ist ein schrumpfender Raum, beharrte der Ältere, es schrumpft um dich zusammen. Du denkst wohl an Runzeln, sagte der Jüngere. Nein, sagte der Ältere, das ist es nicht, ich denke wirklich an Raum, er schrumpft auch hinter uns. Du nimmst es zu schwer, sagte der Jüngere. Die Vergangenheit überfährt dich von hinten her, sagte der Ältere, wie eine Lokomotive. Du spinnst, sagte der Jüngere.

Die Lokomotive überfährt dich, sagte der Ältere, du weißt genau, sie kommt und überfährt dich von hinten. Aber nicht auf der Straße, sagte der Jüngere. Überall, sagte der Ältere, überall wird der Raum kleiner, die Luft zum Atmen geht aus. Niemals, sagte der Jüngere, die Luft geht niemals aus. Ja, sagte der Ältere, du bist noch jünger, du hast noch Raum. Nicht mehr als du, sagte der Jüngere. Du kannst noch weg, ich nicht mehr, sagte der Ältere, ich nicht. Ich will nicht weg, sagte der Jüngere. Aber du könntest, wenn du nur wolltest, sagte der Ältere, ich nicht, auch wenn ich wollte, das ist es ja, wer alt wird, ist zu diesem Kaff verdammt. Du hast dein eigenes Häuschen, sagte der Jüngere, so verdammt ist es nicht. Ja, sagte der Ältere, mein Raum ist auf ein Häuschen zusammengeschrumpft. Du hast einen Garten, sagte der Jüngere, du hast eine Frau. Ja, sagte der Ältere, doch du vergißt, daß es noch tausend Gärten und tausend Frauen gibt. Oho, sagte der Jüngere, das ist mir neu, daß du ein solcher bist! Bin ich nicht, sagte der Ältere, du weißt, daß ich kein solcher bin. Ja, sagte der Jüngere, das ist wahr. Auch wer kein solcher ist, sagte der Ältere, denkt sich, was noch möglich wäre. Ja, sagte der Jüngere, vieles ist möglich. Dann aber schrumpft der Raum zusammen, sagte der Ältere, du merkst auf einmal, daß du nicht mehr denken magst, so wie du jetzt denkst, weil du jünger bist. Ist mir zu kompliziert, sagte der Jüngere. Nein, es ist einfach, sagte der Ältere, der Raum schrumpft ein. Ach Quatsch, sagte der Jüngere. Alles schrumpft langsam zusammen, sagte der Ältere, zuletzt bleibt nur noch ein Punkt. Ach was, sagte der Jüngere, das Leben geht weiter. Der Raum schrumpft zusammen, sagte der Ältere, auch du wirst's noch sehen, er schrumpft, und eines Tages kannst du nicht mehr atmen, weil du allein und ohne Raum bist. Der Jüngere lachte. Die Karaffe zwischen ihnen war leer.

GÜNTER KUNERT
Dahinfahren

Er wurde dafür bezahlt, daß er einen eisernen, mit häßlich-gelber Farbe gestrichenen Wagen durch die Straßen der Stadt lenkte, die eisernen Räder in eisernen Schienen, kreuz und quer durch die rauchbedeckten Quartiere. Berührte sein Fuß den entsprechenden Hebel, klingelte eine Glocke: das geschah ungezählte Male.

Zwischen den Häusern ging er, die in Nacht versanken, begleitet vom Aufblinken der Lichtvierecke an den Fassaden, ging er gemächlich durch die Dämmerung nach Hause. Eine Frau erwartete ihn dort, später noch Kinder, dann Einsamkeit und leere Zimmer und Staub und zuletzt Tod.

KURT MARTI
Neapel sehen

Er hatte eine Bretterwand gebaut. Die Bretterwand entfernte die Fabrik aus seinem häuslichen Blickkreis. Er haßte die Fabrik. Er haßte seine Arbeit in der Fabrik. Er haßte die Maschine, an der er arbeitete. Er haßte das Tempo der Maschine, das er selber beschleunigte. Er haßte die Hetze nach Akkordprämien, durch welche er es zu einigem Wohlstand, zu Haus und Gärtchen gebracht hatte. Er haßte seine Frau, sooft sie ihm sagte: Heute nacht hast du wieder gezuckt. Er haßte sie, bis sie es nicht mehr erwähnte. Aber die Hände zuckten weiter im Schlaf, zuckten im schnellen Stakkato der Arbeit. Er haßte den Arzt, der ihm sagte: Sie müssen sich schonen, Akkord ist nichts mehr für Sie. Er haßte den Meister, der ihm sagte: Ich gebe dir eine andere Arbeit, Akkord ist nichts mehr für dich. Er haßte so viele verlogene Rücksicht, er wollte kein Greis sein, er wollte keinen kleineren Zahltag, denn immer war das die Hinterseite von so viel Rücksicht, ein kleinerer Zahltag. Dann wurde er krank, nach vierzig Jahren Arbeit und Haß zum erstenmal krank. Er lag im Bett und blickte zum Fenster hinaus. Er sah sein Gärtchen. Er sah den Abschluß des Gärtchens, die Bretterwand. Weiter sah er nicht. Die Fabrik sah er nicht, nur den Frühling im Gärtchen und eine Wand aus gebeizten Brettern. Bald kannst du wieder hinaus, sagte die Frau, es steht alles in Blust. Er glaubte ihr nicht. Geduld, nur Geduld, sagte der Arzt, das kommt schon wieder. Er glaubte ihm nicht. Es ist ein Elend, sagte er nach drei Wochen zu seiner Frau, ich sehe immer das Gärtchen, sonst nichts, nur das Gärtchen, das ist mir zu langweilig, immer dasselbe Gärtchen, nehmt doch einmal zwei Bretter aus der verdammten Wand, damit ich was anderes sehe. Die Frau erschrak. Sie lief zum Nachbarn. Der Nachbar kam und löste zwei Bretter aus der Wand. Der Kranke sah durch die Lücke hindurch, sah einen Teil der Fabrik. Nach einer Woche beklagte er sich: Ich sehe immer das gleiche Stück der Fabrik, das lenkt mich zuwenig ab. Der Nachbar kam und legte die Bretterwand zur Hälfte nieder. Zärtlich ruhte der Blick des Kranken auf seiner Fabrik, verfolgte das Spiel des Rauches über dem Schlot, das Ein und Aus der Autos im Hof, das Ein des Menschenstromes am Morgen, das Aus am Abend. Nach vierzehn Tagen befahl er, die stehengebliebene Hälfte der Wand zu entfernen. Ich sehe unsere Büros nie und auch die Kantine nicht, beklagte er sich. Der Nachbar kam und tat, wie er wünschte. Als er die Büros sah, die Kantine und so das gesamte Fabrikareal, entspannte ein Lächeln die Züge des Kranken. Er starb nach einigen Tagen.

PETER BICHSEL
Die Löwen

Auch der Großvater wollte Dompteur werden, um all die zu ärgern, die ihm nichts zutrauten, um alle zu ärgern. Davon erzählte er nie. Er hielt sich auf einem kleinen Weiher Enten. Nun ist er tot, er trank zuviel.

Einmal in seinem Leben muß er erkannt haben, daß er kein Dompteur wird. Seit jener Stunde fand er den Eintritt in den Zirkus zu teuer.

Er heiratete ein schönes Mädchen und machte sich in einem Kalender Notizen über das Wetter, Temperatur und Windstärke. Nach seinem Tode wurde sein Geld geteilt. Nun haben alle ein Stück Großvater.

Ein Leser des Tagblattes fragte kürzlich bei der Redaktion an, ob es wohl möglich sei, mit 43 Jahren und ohne Vorkenntnisse das Flötenspiel zu erlernen. Zufälligerweise, antwortete man ihm, kenne man jemanden, der es noch mit 64 lernte, allerdings: Ausdauer, Liebe, Geduld.

Als er starb, war er niemand mehr. Er wurde kleiner, verlor die Eitelkeit, mehr und mehr den Verstand, die Kraft, das Wasser zu halten, die Fähigkeit, die Schuhe zu binden, und als er starb, war er niemand mehr. Er war tot geworden.

Im Alter besuchte er viele Beerdigungen, saß gerührt und unbeteiligt in der Kirchenbank und drehte den Hut in der Hand.

Sein Schlaf war unregelmäßig, er schlief viel und überall ein und erwachte kurz darauf wieder. Die Löwen waren aus seinen Träumen verschwunden und mit ihnen die Träume selbst. Er wußte nicht mehr, wie die schönen Mädchen sind und gab der Kellnerin zuviel Trinkgeld.

Nun ist sein Geld geteilt. Die Enkel haben die Löwen mitgenommen und sie sorgfältig unter ihren Betten versteckt. Es war gut für ihn und für uns.

Man fragte den Großvater nie etwas, er war nicht weise geworden. Aber alt war er geworden. Das ist sehr wichtig, daß man alt wird. Es würde weh tun, die Löwen verlassen zu müssen. Die Löwen waren leise gegangen, der Großvater bemerkte es nicht. Er ist tot, weil er zuviel trank.

JÖRG STEINER
Entsorgung

An ihrem vierundfünfzigsten Geburtstag erhielt die Vorsitzende der Senioren-Fürsorgestiftung »Fortuna« folgendes Schreiben:

Sehr geehrte Frau Wüthrich, Sie werden gewiß erstaunt sein, von mir schon wieder ein Lebenszeichen zu erhalten, nachdem ich mich doch bei Ihnen bereits vor drei Jahren mit einem Gedicht gemeldet habe.

Bis auf die Tatsache, daß ich keine Gedichte mehr mache, hat sich hier wenig verändert. Alle achten darauf, die Ordnung der Dinge nicht zu stören. Lange Zeit habe ich die Papierkörbe geleert. Hier, im Altersheim, werden sie in Plasticsäcke gekippt. Die Plasticsäcke werden zum Container in den Hof gebracht, die Container werden am Dienstag und am Freitag jede Woche von einem Sammelwagen abgeholt und in die Müllverbrennungsanlage gefahren. Jetzt, im Dezember, ist die Entsorgung schwierig. Die Straße führt zum Schloßhalden-Hügel nach Ottikon hinunter und gleich wieder hinauf nach Winterbach. Das Heim ist außerhalb des Dorfes gebaut worden; darum bleibt der Schnee bei uns viel länger liegen als im Dorf. Die Müllmänner passen auf, daß sie nicht auf nassem Laub oder auf dem Glatteis ausrutschen, wenn sie die Plasticsäcke in den Sammelwagen werfen. Nach getaner Arbeit machen sie bei uns eine Kaffeepause und setzen sich dann wohl, wenn die Sonne scheint, für eine halbe Stunde im Friedhof oben in Winterbach an die Sonne. Ihr Tag ist, wie der unsrige auch, von festen Regeln bestimmt. Nun muß ich zugeben, daß die Heimleitung jene Insassen, die gegen die Regeln der Hausordnung verstoßen, mit Gebißentzug bestraft; aber die Betroffenen sprechen nicht gerne darüber. Sie ziehen es vor, die Strafe schweigend zu ertragen. Im Alter ist es leichter, Hunger zu haben: Alter kennt eben auch seinen Trost.

Gestern machte uns unsere Heimleitung den Vorschlag, Sie um einen gelegentlichen Besuch zu bitten und Ihnen Glück zu Ihrem Geburtstag zu wünschen, was hiermit geschah. Es grüßt Sie mit vorzüglicher Hochachtung

Frieda Hiermeyer, Mutter, 87 Jahre.

BERTOLT BRECHT
Die unwürdige Greisin

Meine Großmutter war zweiundsiebzig Jahre alt, als mein Großvater starb. Er hatte eine kleine Lithographenanstalt in einem badischen Städtchen und arbeitete darin mit zwei, drei Gehilfen bis zu seinem Tod.

Meine Großmutter besorgte ohne Magd den Haushalt, betreute das alte, wacklige Haus und kochte für die Mannsleute und Kinder.

Sie war eine kleine magere Frau mit lebhaften Eidechsenaugen, aber langsamer Sprechweise. Mit recht kärglichen Mitteln hatte sie fünf Kinder großgezogen – von den sieben, die sie geboren hatte. Davon war sie mit den Jahren kleiner geworden.

Von den Kindern gingen die zwei Mädchen nach Amerika, und zwei Söhne zogen ebenfalls weg. Nur der Jüngste, der eine schwache Gesundheit hatte, blieb im Städtchen. Er wurde Buchdrucker und legte sich eine viel zu große Familie zu.

So war sie allein im Haus, als mein Großvater gestorben war.

Die Kinder schrieben sich Briefe über das Problem, was mit ihr zu geschehen hätte. Einer konnte ihr bei sich ein Heim anbieten, und der Buchdrucker wolle mit den Seinen zu ihr ins Haus ziehen. Aber die Greisin verhielt sich abweisend zu den Vorschlägen und wollte nur von jedem ihrer Kinder, das dazu imstande war, eine kleine geldliche Unterstützung annehmen. Die Lithographenanstalt, längst veraltet, brachte fast nichts beim Verkauf, und es waren auch Schulden da.

Die Kinder schrieben ihr, sie könne doch nicht ganz allein leben, aber als sie darauf überhaupt nicht einging, gaben sie nach und schickten ihr monatlich ein bißchen Geld. Schließlich, dachten sie, war ja der Buchdrucker im Städtchen geblieben.

Der Buchdrucker übernahm es auch, seinen Geschwistern mitunter über die Mutter zu berichten. Seine Briefe an meinen Vater, und was dieser bei einem Besuch und nach dem Begräbnis meiner Großmutter zwei Jahre später erfuhr, geben mir ein Bild von dem, was in diesen zwei Jahren geschah.

Es scheint, daß der Buchdrucker von Anfang an enttäuscht war, daß meine Großmutter sich weigerte, ihn in das ziemlich große und nun leerstehende Haus aufzunehmen. Er wohnte mit vier Kindern in drei Zimmern. Aber die Greisin hielt überhaupt nur eine sehr lose Verbindung mit ihm aufrecht. Sie lud die Kinder jeden Sonntagnachmittag zum Kaffee ein, das war eigentlich alles.

Sie besuchte ihren Sohn ein- oder zweimal in einem Vierteljahr und half der Schwiegertochter beim Beereneinkochen. Die junge Frau entnahm einigen ihrer Äußerungen, daß es ihr in der kleinen Wohnung des Buchdruckers zu eng war. Dieser konnte sich nicht enthalten, in seinem Bericht darüber ein Ausrufezeichen anzubringen.

Auf eine schriftliche Anfrage meines Vaters, was die alte Frau denn jetzt so mache, antwortete er ziemlich kurz, sie besuche das Kino.

Man muß verstehen, daß das nichts Gewöhnliches war, jedenfalls nicht in den Augen ihrer Kinder. Das Kino war vor dreißig Jahren noch nicht, was es heute ist. Es handelte sich um elende, schlechtgelüftete Lokale, oft in alten Kegelbahnen eingerichtet, mit schreienden Plakaten vor dem Eingang, auf denen Morde und Tragödien der Leidenschaft angezeigt waren. Eigentlich gingen nur Halbwüchsige hin oder des Dunkels wegen Liebespaare. Eine einzelne alte Frau mußte dort sicher auffallen. Und so war noch eine andere Seite dieses Kinobesuchs zu bedenken. Der Eintritt war gewiß billig, da aber das Vergnügen ungefähr unter den Schleckereien rangierte, bedeutete es »hinausgeworfenes Geld«. Und Geld hinauszuwerfen, war nicht respektabel.

Dazu kam, daß meine Großmutter nicht nur mit ihrem Sohn am Ort keinen regelmäßigen Verkehr pflegte, sondern auch sonst niemanden von ihren Bekannten besuchte oder einlud. Sie ging niemals zu den Kaffeegesellschaften des Städtchens. Dafür besuchte sie häufig die Werkstatt eines Flickschusters in einem armen und sogar etwas verrufenen Gäßchen, in der, besonders nachmittags, allerlei nicht besonders respektable Existenzen herumsaßen, stellungslose Kellnerinnen und Handwerksburschen. Der Flickschuster war ein Mann in mittleren Jahren, der in der ganzen Welt herumgekommen war, ohne es zu etwas gebracht zu haben. Es hieß auch, daß er trank. Er war jedenfalls kein Verkehr für meine Großmutter.

Der Buchdrucker deutete in einem Brief an, daß er seine Mutter darauf hingewiesen, aber einen recht kühlen Bescheid bekommen habe. »Er hat etwas gesehen«, war ihre Antwort, und das Gespräch war damit zu Ende. Es war nicht leicht, mit meiner Großmutter über Dinge zu reden, die sie nicht bereden wollte.

Etwa ein halbes Jahr nach dem Tod des Großvaters schrieb der Buchdrucker meinem Vater, daß die Mutter jetzt jeden zweiten Tag im Gasthof esse.

Was für eine Nachricht!

Großmutter, die zeit ihres Lebens für ein Dutzend Menschen gekocht und immer nur die Reste aufgegessen hatte, aß jetzt im Gasthof. Was war in sie gefahren?

Bald darauf führte meinen Vater eine Geschäftsreise in die Nähe, und er besuchte seine Mutter.

Er traf sie im Begriffe auszugehen. Sie nahm den Hut wieder ab und setzte ihm ein Glas Rotwein mit Zwieback vor. Sie schien ganz ausgeglichener Stimmung zu sein, weder besonders aufgekratzt noch besonders schweigsam. Sie erkundigte sich nach uns, allerdings nicht sehr eingehend, und wollte hauptsächlich wissen, ob es für die Kinder auch Kirschen gäbe. Da war sie ganz wie immer. Die Stube war natürlich peinlich sauber, und sie sah gesund aus.

Das einzige, was auf ihr neues Leben hindeutete, war, daß sie nicht mit meinem Vater auf den Gottesacker gehen wollte, das Grab ihres Mannes zu besuchen. »Du kannst allein hingehen«, sagte sie beiläufig, »es ist das dritte von links in der elften Reihe. Ich muß noch wohin.«

Der Buchdrucker erklärte nachher, daß sie wahrscheinlich zu ihrem Flickschuster mußte. Er klagte sehr.

»Ich sitze hier in diesen Löchern mit den Meinen und habe nur noch fünf Stunden Arbeit und schlecht bezahlte, dazu macht mir mein Asthma wieder zu schaffen, und das Haus in der Hauptstraße steht leer.«

Mein Vater hatte im Gasthof ein Zimmer genommen, aber erwartet, daß er zum Wohnen doch von seiner Mutter eingeladen werden würde, wenigstens pro forma, aber sie sprach nicht davon. Und sogar als das Haus voll gewesen war, hatte sie immer etwas dagegen gehabt, daß er nicht bei ihnen wohnte und dazu das Geld für das Hotel ausgab.

Aber sie schien mit ihrem Familienleben abgeschlossen

zu haben und neue Wege zu gehen, jetzt, wo ihr Leben sich neigte. Mein Vater, der eine gute Portion Humor besaß, fand sie »ganz munter« und sagte meinem Onkel, er solle die alte Frau machen lassen, was sie wolle.

Aber was wollte sie?

Das nächste, was berichtet wurde, war, daß sie eine Bregg bestellt hatte und nach einem Ausflugsort gefahren war an einem gewöhnlichen Donnerstag. Eine Bregg war ein großes, hochrädriges Pferdegefährt mit Plätzen für ganze Familien Einige wenige Male, wenn wir Enkelkinder zu Besuch gekommen waren, hatte Großvater die Bregg gemietet. Großmutter war immer zu Hause geblieben. Sie hatte es mit einer wegwerfenden Handbewegung abgelehnt mitzukommen.

Und nach der Bregg kam die Reise nach K., einer größeren Stadt, etwa zwei Eisenbahnstunden entfernt. Dort war ein Pferderennen, und zu dem Pferderennen fuhr meine Großmutter.

Der Buchdrucker war jetzt durch und durch alarmiert. Er wollte einen Arzt hinzugezogen haben. Mein Vater schüttelte den Kopf, als er den Brief las, lehnte aber die Hinzuziehung eines Arztes ab.

Nach K. war meine Großmutter nicht allein gefahren. Sie hatte ein junges Mädchen mitgenommen, eine halb Schwachsinnige, wie der Buchdrucker schrieb, das Küchenmädchen des Gasthofs, in dem die Greisin jeden zweiten Tag speiste. Dieser Krüppel spielte von jetzt an eine Rolle.

Meine Großmutter schien einen Narren an ihr gefressen zu haben. Sie nahm sie mit ins Kino und zum Flickschuster, der sich übrigens als Sozialdemokrat herausgestellt hatte, und es ging das Gerücht, daß die beiden Frauen bei einem Glas Rotwein in der Küche Karten spielten.

»Sie hat dem Krüppel jetzt einen Hut gekauft mit Rosen drauf«, schrieb der Buchdrucker verzweifelt. »Und unsere Anna hat kein Kommunionskleid.«

Die Briefe meines Onkels wurden ganz hysterisch, handelten nur von der »unwürdigen Aufführung unserer lieben Mutter« und gaben sonst nichts mehr her. Das Weitere habe ich von meinem Vater.

Der Gastwirt hatte ihm mit Augenzwinkern zugeraunt: »Frau B. amüsiert sich ja jetzt, wie man hört.«

In Wirklichkeit lebte meine Großmutter auch diese letzten Jahre keinesfalls üppig. Wenn sie nicht im Gasthof aß, nahm sie meist nur ein wenig Eierspeise zu sich, etwas Kaffee und vor allem ihren geliebten Zwieback. Dafür leistete sie sich einen billigen Rotwein, von dem sie zu allen Mahlzeiten ein kleines Glas trank. Das Haus hielt sie sehr rein, und nicht nur die Schlafstube und die Küche, die sie benutzte. Jedoch nahm sie darauf ohne Wissen ihrer Kinder eine Hypothek auf. Es kam niemals heraus, was sie mit dem Geld machte. Sie scheint es dem Flickschuster gegeben zu haben. Er zog nach ihrem Tod in eine andere Stadt und soll dort ein größeres Geschäft für Maßschuhe eröffnet haben.

Genau betrachtet lebte sie hintereinander zwei Leben. Das eine, erste, als Tochter, als Frau und als Mutter, und das zweite einfach als Frau B., eine alleinstehende Person ohne Verpflichtungen und mit bescheidenen, aber ausreichenden Mitteln.

Das erste Leben dauerte etwa sechs Jahrzehnte, das zweite nicht mehr als zwei Jahre.

Mein Vater brachte in Erfahrung, daß sie im letzten halben Jahr sich gewisse Freiheiten gestattete, die normale Leute gar nicht kennen. So konnte sie im Sommer früh um drei Uhr aufstehen und durch die leeren Straßen des Städtchens spazieren, das sie so für sich ganz allein hatte. Und den Pfarrer, der sie besuchen kam, um der alten Frau in ihrer Vereinsamung Gesellschaft zu leisten, lud sie, wie allgemein behauptet wurde, ins Kino ein.

Sie war keineswegs vereinsamt. Bei dem Flickschuster

verkehrten anscheinend lauter lustige Leute, und es wurde viel erzählt. Sie hatte dort immer eine Flasche ihres eigenen Rotweins stehen, und daraus trank sie ihr Gläschen, während die anderen erzählten und über die würdigen Autoritäten der Stadt loszogen. Dieser Rotwein blieb für sie reserviert, jedoch brachte sie mitunter der Gesellschaft stärkere Getränke mit.

Sie starb ganz unvermittelt an einem Herbstnachmittag in ihrem Schlafzimmer, aber nicht im Bett, sondern auf dem Holzstuhl am Fenster. Sie hatte den Krüppel für den Abend ins Kino eingeladen, und so war das Mädchen bei ihr, als sie starb. Sie war vierundsiebzig Jahre alt.

Ich habe eine Photographie von ihr gesehen, die sie auf dem Totenbett zeigt und die für die Kinder angefertigt worden war.

Man sieht ein winziges Gesichtchen mit vielen Falten und einen schmallippigen, aber breiten Mund. Viel Kleines, aber nichts Kleinliches. Sie hatte die langen Jahre der Knechtschaft und die kurzen Jahre der Freiheit ausgekostet und das Brot des Lebens aufgezehrt bis auf den letzten Brosamen.

KLAUS KORDON
Einmal Amerika

Alois Cigler steht auf dem Hof seines sonnenbeschienenen Anwesens und hackt Holz. Holzhacken ist das einzige, was ihm geblieben ist. Die Ställe sind leer, die paar Morgen Land sind verkauft – es bleibt nichts zu tun, außer Holzhacken. Und so hackt er Holz, mehr als nötig. Bis die Schwiegertochter ruft. Dann geht er, hebt den schweren eichenen Küchentisch in die Höhe und trägt ihn davon, als sei er ein Nichts. Er hat noch Kraft in den Fingern, sie greifen gern. Er ist nah an die Siebzig, aber noch immer ein Mann: das volle weiße Haar, die buschigen Augenbrauen, der nikotin-gelbe Schnauzer, die kühn geschwungene Nase.

Die Gerda hat ihre Wischerei beendet. Schwer atmend lehnt sie am Herd. Der Cigler trägt den Tisch zurück und stellt ihn ab. Dann geht er in den Hof, sieht, wie sich die Scheite stapeln, daß er bereits für den Winter in zwei Jahren sorgt, und es kommt über ihn. Er möchte kaputtschlagen, und er denkt dabei an sein eigenes Anwesen. Einst war es Traum, Ziel, Vorsorge, es war Leben und Zukunft, jetzt ist es tot. Wenn Leben darin ist, dann das spärliche Leben von Josef, dem Sohn, dem Hotelangestellten, und seiner Gerda: ein Leben vor dem Fernseher. Dafür schufteten und sparten die Else und er, bis die Else vor zwei Jahren starb. Allein dadurch, daß Elses schweigsames, ernstes Wesen nicht mehr um ihn ist, daß in dem Doppelbett die Gerda und der Josef schlafen und er in Josefs ehemaligem Zimmer unter dem Dach, ist der Cigler-Hof kein richtiger Cigler-Hof mehr.

Es ist alles nicht mehr, wie es einmal war. Wenn er beim Hahnenwirt sitzt, wenn sie reden, über die Politik und die Zeiten, sparen sie ihn aus. Mischt er sich ein, hören sie zu, aber auf den Gesichtern ist zu lesen: Laßt ihn reden, den Alten, laßt ihn von den alten Zeiten schwärmen, lange hat er's nicht mehr.

Der Cigler ergreift die Axt. Die Gerda kommt, er will nicht untätig herumstehen.

Mittags sitzen der Cigler und die Gerda einander gegenüber. Sie löffeln schweigend. Aus dem Radio kommt Musik, zwischen den einzelnen Stücken preisen aufgeregte Stimmen Schokolade, Bier und Waschmittel an. Der Cigler hört diese Sendung jeden Mittag, die Gerda stellt sie ein. Er sitzt an seinem Tisch in seinem Haus, als befände er sich in einer falschen Zeit an einem falschen Ort.

Nach dem Essen sitzt er vor dem Haus, raucht die Pfeife und träumt. Er träumt einen Traum, den er längst vergessen glaubte, an den er sich vor Wochen erinnerte und der ihn nicht losläßt.

Der Traum heißt Amerika. Als Junge träumte er davon, in Hamburg als Schiffsjunge an Deck eines großen Schiffes zu gehen, nach Amerika zu fahren. Er malte Wolkenkratzer in den Sand und schwor sich: »Einmal Amerika!« Aber er war nie auf einem großen Schiff, nie in Amerika. Er hat sein Leben dem Hof geopfert, einem Ziel, das keins war.

Der Cigler fragt sich: Warum fährst du nicht jetzt nach Amerika? Du bist gesund, stark, wenn alles gutgeht, wirst du achtzig. Zehn Jahre! Willst du die mit dieser Gerda verbringen, mit diesem Josef, mit den Nachbarn, die dich bereits zugenagelt haben?

Hat der Cigler Geld, kann er fahren, hat er keins, muß er bleiben. Geld hat er, wenn er das Anwesen verkauft. Die zehn Jahre, die er sich noch gibt, liegen vor ihm wie ein Acker im Frühjahr: Man kann säen und ernten, man kann ihn auch brachliegen lassen. Der Cigler entschließt sich zum Säen.

Da die Entscheidung gefallen ist, denkt der Cigler nicht weiter über das Für und Wider nach. Er klopft seine Pfeife aus, geht ins Dorf und kauft Tageszeitungen. Er fährt mit dem Zeigefinger die Annoncen entlang und ist zufrieden: Es gibt genug Leute, die suchen, was er zu bieten hat.

Am Abend sitzt Alois Cigler in seiner Kammer unter dem Dach und schreibt Briefe. Es ist ihm egal, wer das Anwesen übernimmt, bewirtschaften wird es keiner. Wer das meiste auf den Tisch legt, bekommt den Hof.

In den nächsten Tagen kommen Leute. Sie fahren in Autos vor. Der Cigler empfängt sie und führt sie herum. Die Gerda beobachtet ihn, will ihn aushorchen; sie berichtet dem Josef von den Besuchern. Die beiden ahnen was, werden unruhig, doch der Cigler sagt kein Wort. Erst als niemand mehr kommt, als alle Angebote vorliegen, er sich entschieden hat und der Kaufvertrag perfekt ist, rückt er mit der Sprache heraus. Es ist ein Vormittag, er ist mit der Gerda allein. Er nennt ihr den Termin, bis zu dem das Haus geräumt sein muß. Sie verlegt sich aufs Bitten. Er soll sich das reiflich überlegen. Was er tun will, wenn er aus Amerika zurück ist? Von sich und Josef spricht sie nicht. Sie ist wie ein Weizenkorn, das Angst hat, von den Hühnern gefressen zu werden.

Der Josef schlägt Krach; er schreit, droht mit Entmündigung, Polizei, Rechtsanwalt, bis der Cigler barsch wird. Er solle das Gezeter lassen, er sei kein altes Weib, er, Alois Cigler, habe auch keinen Hof geerbt und trotzdem gelebt. Er läßt die beiden allein, geht in seine Kammer, sitzt über Landkarten und entwirft eine Reiseroute. Wenn schon Amerika, dann auch eine Eisenbahnfahrt durch Österreich und Deutschland.

Als das Geld eintrifft, fährt der Cigler mit dem Bus nach Wien. Er kauft sich einen Cordanzug, den zweiten Anzug seines Lebens. Den ersten kaufte er zur Hochzeit, er benötigte nie wieder einen. Dann geht er zum Friseur, verlangt einen modernen Haarschnitt, einen gestutzten Schnurrbart – und betrachtet sich im Spiegel. Der Mann im Spiegel ist ein anderer Cigler, geht anders, bewegt die Arme anders, ist ein neuer Mensch.

Die letzte Nacht ist Alois Cigler allein. Er schläft nur wenig, geht durch die Räume, über den Hof, durch die Ställe. Er geht und trinkt aus der Flasche mit dem Blaufränkischen. Er will sich nicht betrinken, aber er will auch nicht niedergedrückt sein.

Am Morgen spaziert der Cigler zum Friedhof hinaus, zu Else. Von den Nachbarn verabschiedet er sich nicht; er hat sie über, sie sollen es wissen.

In seinem bisherigen Leben ist Alois Cigler zweimal gereist, von beiden Reisen hatte er nicht viel. Die erste fand in einem überfüllten Eisenbahnwaggon statt – er war Kind und hatte nicht einmal Gelegenheit, aus dem Fenster zu sehen –, die zweite, als Soldat, erfolgte in Waggons, die keine Fenster hatten. Die dritte Reise soll ihn entschädigen. Er kauft eine Fahrkarte erster Klasse Wien – München. In München will er einen Tag bleiben, Weißwürstl essen, Bier trinken.

Der Cigler bekommt einen Fensterplatz. Er versinkt in dem weichen Sessel. Der Koffer liegt im Gepäcknetz gegenüber, er kann ihn im Auge behalten, während er aus dem Fenster sieht und die sonnige Landschaft an sich vorüberfliegen läßt. Ein Kellner kommt und fragt nach Wünschen. Alois Cigler wünscht Kaffee, aber guten. Dann schlürft er von dem Kaffee und freut sich über den gestutzten Schnurrbart: Es bleibt nichts hängen. Er pafft eine Zigarre und lehnt sich zurück. Die Reise beginnt besser als erwartet.

In St. Pölten hält der Zug. Der Cigler sieht hinaus, sieht einen Bahnhof, nicht so groß wie der in Wien, aber auch mit viel Betrieb, und eine Dame. Es ist eine »Dame«. Sie steht zwischen zwei riesigen Koffern und sieht sich hilfesuchend um. Alois Cigler läuft zur Tür, öffnet sie und blickt vorsichtig den Bahnsteig entlang. Als sich nichts rührt, steigt er aus, ergreift die beiden Koffer und bittet die Dame eilig, aber höflich, ihm zu folgen. Die Dame ist erleichtert und folgt ihm widerstandslos in sein Abteil. Er gibt acht, daß sie sich nicht auf seinen Platz setzt – er fährt lieber vorwärts als rückwärts –, und nimmt den »nochmaligen Dank« für sein rasches Handeln entgegen.

Die Dame heißt Henriette Mayr, kommt aus Salzburg und ist auf dem Weg nach Haus. Sie war bei ihrer Schwester, erzählt sie, die Schwester ist seit zwei Wochen »auch« Witwe. Der Cigler läßt sie reden. Diese Henriette gefällt ihm. Sie ist etwa fünfzig; wenn sie lacht, und sie lacht oft, wackelt alles. Das Gesicht ist rund und gütig.

Henriette bedauert, daß der Herr aus Wien in den Norden muß, wo doch in Salzburg die Festspiele sind. Der

Cigler beginnt zu überlegen. Was soll er in München? Er kann genausogut in Salzburg Station machen.

Der Cigler macht in Salzburg Station. Er wohnt in der Pension, die Henriette bewirtschaftet. Henriette ist glücklich. Sie macht ihm ein Fünftagefrühstück und spielt mit offenen Karten. Was ihr und der Pension fehle, sei ein Mann, sagt sie und seufzt dabei. Der Cigler seufzt auch. Er will nach Frankfurt, Berlin, Hamburg, nach Amerika will er. Aber hat er nicht zehn Jahre Zeit? Er kann den Winter über in Salzburg bleiben, kann die Reise im Frühjahr fortsetzen.

Der Cigler sieht sich um, begutachtet den Garten und den Schuppen. Im Schuppen liegt eine langstielige Axt. Er nimmt sie und geht auf den Hof Holz machen – für den Winter. Er schlägt zu, es kracht und splittert, die Feriengäste sehen aus den Fenstern. Den Cigler stört das nicht. Er wird das Haus in Ordnung bringen: das schadhafte Dach, die wackligen Steckdosen, den tropfenden Wasserhahn. Er wird ein Gemüsefeld anlegen, gleich hinter dem Haus, und er wird Blumen pflanzen. Und nachts wird er daliegen, die Henriette im Arm, und durch das geöffnete Fenster werden die Blumen hineinduften; er wird daliegen und atmen und spüren und leben.

Brief einer alten Bäuerin

Eine alte ungarische Bäuerin schrieb an ihren Sohn in London:

Mein lieber Sohn,

mein einziger geliebter Junge in der Fremde. Ich schreibe es dir, wie du es gewünscht hast. In der Familienbibel habe ich das gefunden: Mein Vater István Kantor starb im Oktober 1916, er ertrank an der italienischen Front bei Doberdo. Mein Sohn János wurde im November 1919 zu Tode gefoltert. Niemand weiß, wo er ruht. Mein kleiner Anselm starb mit elf Monaten am 20. Juli. Pista starb als Neunzehnjähriger am 17. März 1933. István, mein Mann, fiel im Jahre 1944. Mein Sohn János wurde im Krieg bei der Flucht erschossen, kurz bevor er das Dorf erreichen konnte. Pista, den wir Ivan genannt haben, ertrank in der Donau 1957 und dann hast auch du mich verlassen.

Ich habe zwei Entschlüsse gefasst... und niemand kann mich daran hindern, weder mit Liebe noch mit Gewalt. Zwei Dinge will ich bis zu meinem Tod zu Ende bringen. Der eine Entschluss ist, dass ich aus eigener Kraft, durch meiner Hände Arbeit dorthin will, wo du bist, in der weiten Ferne. Ich habe noch einen andern Entschluss: Den alten verwahrlosten steinigen Weinberg, in dem ich nichts mehr getan habe, seit ich ohne Mann geblieben war, werde ich reinigen und neu anbauen, bevor ich sterbe...

RAINER MALKOWSKI
Die Alten

Am meisten liebe ich die Alten
die ihren Kaffee selber
und nach eigenem Rezept
brauen
die immer härter werden
mit wachsendem Muskelschwund
die sagen:
wenn ihr unter Altersweisheit versteht
daß man sich abfindet
sucht euch einen Jüngeren.

All der Tand, den Jugend schätzt,
Auch von mir ward er verehrt,
Locken, Schlipse, Helm und Schwert,
Und die Weiblein nicht zuletzt.

Aber nun erst seh ich klar,
Da für mich, den alten Knaben,
Nichts von allem mehr zu haben.
Aber nun erst seh ich klar,
Wie dies Streben weise war.

Zwar vergehen Band und Locken
Und der ganze Zauber bald;
Aber was ich sonst gewonnen,
Weisheit, Tugend, warme Socken,
Ach, auch das ist bald zerronnen,
Und auf Erden wird es kalt.

Herrlich ist für alte Leute
Ofen und Burgunder rot
Und zuletzt ein sanfter Tod –
Aber später, noch nicht heute!

»Der Tod wollte Gast sein in dieser Nacht«

KRANKHEIT UND KRISE

Gesundheit kann gut sein. Krankheit kann manchmal
sogar besser sein. Krankheiten sind Anfragen. Sie sind
auch Aufgaben, Auszeichnungen sogar. Entscheidend ist,
wie man sie trägt.

ANDREAS GRYPHIUS
Tränen in schwerer Krankheit

Ich bin nicht, der ich war. Die Kräfte sind
                                    verschwunden,
Die Glieder sind verdorrt wie ein verbrannter Graus.
Mir schaut der schwarze Tod zu beiden Augen aus.
Ich werde von mir selbst nicht mehr in mir gefunden.

Der Atem will nicht fort; die Zung steht angebunden;
Mein Herz empfindet schon den letzt und höchsten
                                    Strauß.
Ein jeder, der mich sieht, spürt, daß das schwache Haus,
Der Leib, wird brechen ein noch inner wenig Stunden.

Gleich wie die Wiesenblum früh mit dem Licht der Welt
Hervorkommt und, noch eh der Mittag weggeht, fällt,
So bin ich auch benetzt mit Tränentau ankommen:

So sterb ich vor der Zeit. O Erden, gute Nacht!
Mein Stündlein läuft zum End! Itzt hab ich ausgewacht
Und werde von dem Schlaf des Todes eingenommen.

Ich lag und schlief; da fiel ein böses Fieber
    Im Schlaf auf mich daher,
Und stach mir in der Brust und nach dem Rücken über,
    Und wütete fast sehr.

Es sprachen Trost, die um mein Bette saßen;
    Lieb Weibel grämte sich,
Ging auf und ab, und wollt sich nicht trösten lassen,
    Und weinte bitterlich.

Da kam Freund Hein: »Lieb Weib, mußt nicht so grämen,
    Ich bring ihn sanft zur Ruh«;
Und trat ans Bett, mich in den Arm zu nehmen,
    Und lächelte dazu.

Sei mir willkommen, sei gesegnet, Lieber!
    Weil du so lächelst; doch
Doch guter Hein, hör an, darfst du vorüber,
    So geh und laß mich noch!

»Bist bange, Asmus? – Darf vorübergehen
    Auf dein Gebet und Wort.
Leb also wohl, und bis auf Wiedersehen!«
    Und damit ging er fort.

Und ich genas! Wie sollt ich Gott nicht loben!
    Die Erde ist doch schön,
Ist herrlich doch wie seine Himmel oben,
    Und lustig drauf zu gehn!

Will mich denn freun noch, wenn auch Lebensmühe
    Mein wartet, will mich freun!

Und wenn du wiederkömmst, spät oder frühe,
So lächle wieder, Hein!

MARTIN GREIF
Vor der Ernte

Nun störet die Ähren im Felde
    Ein leiser Hauch,
Wenn eine sich beugt, so bebet
    Die andre auch.

Es ist, als ahnten sie alle
    Der Sichel Schnitt –
Die Blumen und fremden Halme
    Erzittern mit.

WALTER NEUMANN
Der Tod wollte Gast sein

Der Tod wollte Gast sein
in dieser Nacht.
Wir haben ihn abgewiesen,
den Räuber mit dem Engelsgesicht,
mit den Flügeln, den sanften.
Er wollte uns täuschen.
Wir waren gewarnt.
Sein Eishauch trieb vor ihm her,
ehe er noch
an die Tür schlug.
Bald
kehrt er zurück,
lasen wir aus seiner Spur,
der unauslöschbaren.

Bittgedanke, dir zu Füßen

Stirb früher als ich, um ein weniges
früher

Damit nicht du
den weg zum haus
allein zurückgehn mußt

MARIE LUISE KASCHNITZ

Wann, wo. Sich mit seinem eigenen, persönlichen Tod zu
beschäftigen, ihn sich auszumalen, diese unzähligen Möglichkeiten, zu Wasser, zu Lande und in der Luft, natürlich
auch im Bett. Im eigenen oder im Spitalbett, mit diesen und
jenen unangenehmen körperlichen Zuständen, zum Beispiel einem unaufhörlichen Schlucken oder einer Unfähig-
keit, den Inhalt der Blase, des Darmes bei sich zu behalten, so daß auch die Allernächsten Ekel empfinden. Oder
die großen furchtbaren Schmerzen, zuerst irgendwo, dann
überall, doch das Herz hält immer noch, immer noch nicht
still. Oder man liegt da, durchaus noch passabel anzusehen,
aber blöde geworden, mit Wahnideen, die Tage und Nächte
ein einziger Angsttraum, und Verfolgungen, wandauf und
wandab. Was belieben Sie sich auszusuchen, natürlich den
Tod im Schlafe, aus freundlichen Träumen, etwas Schönes
in Aussicht, vielleicht eine Reise auf die Kanarischen In-
seln, und die Koffer sind schon gepackt. Auch der Kata-
strophentod scheint annehmbar, warum fährt der Zug so
schnell, so verrückt schnell in die Kurve, ein paar Augenblicke der Panik, und schon ist alles vorbei. Nur nichts
wissen wollen, ich bedenke mein Leben, mein Leben war

reich. Ich bedenke mein Leben, und wer sagt, daß es mir nicht in der letzten Stunde ganz anders erscheint, als eine Kette von Feigheiten und Lieblosigkeiten, und das Gewissen, das alte Krokodil, das so lange geschlafen hat, beißt und zerfleischt, beißt und zerfleischt. Meine Tochter hat in den Augen ihres sterbenden Vaters Tränen gesehen. Vielleicht ist das Schlimmste, von den Lebenden Abschied zu nehmen und in ihren Augen das Ensetzen zu sehen.

KURT MARTI
Meine Angst läßt grüßen

Meine Angst, wurde mir ausgerichtet, lasse grüßen, sie erfreue sich bester Gesundheit. Ich hatte sie, aber das ist schon fast zwei Wochen her, zwischen Lausanne und Fribourg aus dem Zug geworfen. Warum, fiel mir damals plötzlich ein, sollte man sich einer so lästigen Klette nicht entledigen können? Da außer mir gerade niemand im Abteil war, die gute Gelegenheit mir aufmunternd zunickte, hab ich's dann also getan. Soviel mir bekannt, ist eine solche Handlung nicht strafbar. Nur vergaß ich natürlich im Überschwang meines Entschlusses, daß Ängste überaus zäh sind. Sie überleben alles, sie überleben auch uns. Meine Angst zum Beispiel ist, bevor sie auf mich kam, die meiner Mutter gewesen. Und meine Mutter hat sie vielleicht schon von einer Tante gekriegt, das weiß ich schon nicht mehr. Wie immer: Wir Menschen kommen und gehen, doch ungerührt bleiben die Ängste am Leben und wählen sich neue Träger aus. Kein Wunder, daß es einer Angst überhaupt nichts ausmacht, aus dem fahrenden Zug geworfen zu werden. Deshalb ist meine euphorische Handlung ein sinnloser Akt gewesen. Wie zu erwarten war, stellt sich nunmehr heraus, daß die würzige Waldluft des Waadtlandes meine Angst erst recht gekräftigt hat. Schon also läßt sie mich grüßen. Bald wird sie wiederum da sein, ausgeruht und erholt für ihren Erwählten, für mich. Treue, hört man heute oft klagen, sei selten geworden. So kann nur reden, wer für einen Augenblick seine Angst vergessen hat, vielleicht hat vergessen wollen. Aber niemand bleibt uns so unentwegt treu wie die Angst.

GÜNTER KUNERT
Meine Gedanken

Oft sind sie furchtsam und furchtbar
und umkreisen das Ende
oder flattern von dorther
blutig wie zerstreute Fotos
nach einem Flugzeugabsturz
daß ich erschrecke und
mich abwende von mir.

Oft zwinge ich sie zusammen
zu einem Fluchtweg
der einer Hängebrücke ähnelt
von einem Dschungel in einen andern
bedrohlich drunten der Fluß
unsichtbare Bestien darin
ich und nochmals ich.

Meine Gedanken sind Fremde
von irgendwoher
wo man nicht daheim sein kann
Emigranten aus einem Reich
das *Perdu* heißt

gekennzeichnet von Luftspiegelungen
wie andere Wüsten.

Sonntag, 12. September

Um halb fünf zieh ich pünktlich in die Klinik ein. Das Zimmer ist überhitzt, die Fenster geschlossen. An Krebs zu denken ist, als wär man in einem dunklen Zimmer mit einem Mörder eingesperrt. Man weiß nicht, wo und wie und ob er angreifen wird!

9. November

Hallo Dieter, Bruderherz!

[…]

Danke für den Sekt, aber der Korken, weißt Du, den lassen wir einstweilen nicht knallen, das hat der Doktor verboten. Letztes Wochenende ging die Lebenslust mit mir durch, Fred hatte mich abgeholt, und wir haben jeder ein Glas Wein getrunken und danach zweieinhalb Stunden im vollen Hans-Otto-Theater gesessen, und ach, war mir mies danach. Kam grün und gelb am nächsten Tag hier an und mußte gleich unter die Kobaltkanone. Gestern und heute je eine Stunde »Probeschießen«: einstellen, das Feld abstecken, Probeaufnahmen, auf den Rücken wälzen und wieder zurück. Schließlich taucht der Arzt den Pinsel in Farbe und malt mich an, lauter liebevolle rote und lila Kreuze, bis zum Hals hinauf. Nach dem Probeschießen wird's ernst, dann zischt die Kanone, und die übrige Mannschaft geht in Deckung, läßt mich allein auf freiem Feld…

Themawechsel. Na, ernsthaft, der Besuch in der Radiologie hat mich arg strapaziert, nicht meinetwegen, aber die beiden Mädchen – die eine vielleicht sechzehn oder achtzehn, sehr schön, rabenschwarze große Augen, herrliches Profil, sehr dünn und ohne linken Arm – direkt unter der Schulter abgesäbelt. Sie sah traumhaft schön aus, aber als sie dann den Mund aufmachte und zu schimpfen anfing, bin ich erschrocken. Diese Erfahrung hab' ich hier öfter gemacht: Die chronisch Kranken entwickeln mit der Zeit eine sehr traurige, wenn auch verständliche Haltung. Sie hängen durch, seelisch, geistig und körperlich. Du mußt einmal sehen, wie die Mannsbilder hier rumrennen, auch die leichteren Fälle, ein Graus. Lassen sich gehen, achten nicht einmal mehr auf ihre Kleidung. Und dieses schöne Mädchen hatte ziemlich abgebaut. Wenn sie sich weiter mit der Krankheit herumschlagen muß, wird sie mit zwanzig ein Wrack sein. Schrecklich ist das, wie die redete, schimpfte, nörgelte, wie sie Schultern und Wangen und alles hängenließ und ihre Augen ganz stumpf und ausdruckslos wurden. Wahrscheinlich geschieht das mit den ganz jungen Menschen häufiger. Nichts interessiert sie, außer ihr Bestrahlungstermin und ihre lackierten Fingernägel. (Ich weiß, es ist hart von mir, wie ich das sage!) Sie hatte nicht einen freundlichen Blick oder ein Wort für das andere Mädchen, das mit uns wartete, im Bett. Vielleicht zehn Jahre alt, lange blonde Strähnen, fettig und dünn auf dem Kissen, blasse Haut, blutleer, und das traurigste war dieser abwesende, hoffnungslose Blick aus hellen Augen. Als ich zu ihr redete und sie anlächelte, starrte sie mich an wie eine Wand. Neben dem Kissen eine Mandarine und ein Weihnachtsmann aus Schokolade, von ihrer Mutter, die das hingelegt hat, weil sie ja sonst nicht mehr viel tun kann, stell' ich mir vor.

Ich muß das schreiben, nicht um Euch den abendlichen Krimi zu ersetzen, sondern weil die Menschen wissen sollen, wieviel Leid es gibt, man vergißt das manchmal und wird übermütig und anmaßend.

Les' ich zum Beispiel grad bei Brecht, Tagebuch vom 26. März 1921: »Ich lebe luxuriös, mit der schönsten Frau Augsburgs, schreibe Filme. Alles am hellen Tag, die Leute sehen uns nach. Wie lange noch, und Gottes Geduld reißt, ich sitze auf dem Stein, und die Hunde schiffen mich an!«
[…]

Sonny,

Du wartest auf ein Zeichen, und ich hab's bis heut nicht geschafft. Nicht nur mein Körper streikte, ich fühle mich leer und dumpf von Medikamenten und Hunger. Heut lese ich aus Deinem Brief schon vieles andere heraus, was wichtig ist, zum Beispiel, daß es Dir schlechtgeht, daß Du sehr müde bist, daß Du mich brauchst...

Aber vertraue nicht zu sehr meiner Kraft, sie ist bedenklich geschmolzen.

Hab' ich Dir schon erzählt, wie ich Anita gepflegt habe nach der Operation und immerzu Kitty vor meinen Augen sah... Hab' alles getan, was ich konnte (und damals versäumt habe), hab' sie gestreichelt und besänftigt, bis ich selber erschöpft war. Und frei...

Was nun? Eins ist sicher: So leben wie zuvor will ich nicht. Dieser Gedanke kristallisiert sich immer klarer heraus. Es ist weniger die Angst vorm Tod als die Unlust dem Leben gegenüber, die mir jetzt zusetzt und mich unruhig macht. Das ist neu für mich!

Nach diesen ganzen Quälereien, auf die noch die Strahlen folgen, die ich am meisten fürchte, erscheint mir das »ganz kleine Leben« nicht mehr als das Allerhöchste. Kuchenbakken, Mit-der-Familie-am-Tisch-Sitzen waren mein Traum nach der Wiederauferstehung. Jetzt aber überkommt mich immer mehr das Gefühl: Mit diesen öden Kränkeleien wird's weitergehen, mehr oder weniger anfällig, viele Jahre lang! Vielleicht wird Kuchenbacken und Mit-der-Familie-am-Tisch-Sitzen das einzige sein, was mir bleibt. So früh am Ende? Nein!

Ich will richtig leben, will nicht immer auf meinen Körper Rücksicht nehmen müssen! Weißt Du, daß Reisen und in Hotelzimmern leben (wie die Beauvoir) meine heimliche Liebe sind? Wäre ich frei, hätte ich keine Kinder, würde ich nie lange an einem Ort bleiben, würde von Land zu Land ziehen, Freunde besuchen, schreiben, irgendwas arbeiten...

Ich hab' gerade die »Wildspur« von Karl Bruckner wieder gelesen, und heut mit ganz anderen Augen. Ich war zwei Tage lang in der klaren Luft der Siebentausender und war ein junger Steinbock, war Karaghu, der mit seiner Kraft und seinen Instinkten etwas anzufangen wußte, der sich nicht fangen und nicht töten ließ und der immer wieder seine Herde in die Freiheit führte! Schneestürme, Wind, Adler, Schneeleoparden, Wolken, Sonne, Mond... Ach, was ist eigentlich geschehen, liege im Spitalbett und hab' nichts mehr zu tun, lass' mich behandeln und träume von Siebentausendern! Weil es dort keine Lüge, keine Demagogie und keine Dummheit gibt und weil alles klar und einfach ist.

[...]

Wenn Du nicht kommen kannst oder willst, versprich mir eins: Wir wollen auf der Hut sein, daß wir uns selber nichts vormachen. Möglichst wenig Selbstbetrug, mehr Mut zur Einfachheit!

[...]

Entschuldige bitte das Durcheinander meines Briefes. Vielleicht sind es die Beschwerden, weil ich eine Woche gehungert habe, mit dem Grauen vor den kommenden Bestrahlungen aus der Kobaltkanone, mit der Angst, diese öden Kränkeleien den Rest meines Lebens ertragen zu müssen, gealtert vor der Zeit. Jetzt beunruhigt mich weniger die Angst vor dem Sterben als die Unlust dem gewöhnten Leben gegenüber. Klein, klein, klein!!! (Und daß ich leben werde, da besteht für mich kein Zweifel!)

Laß Dich nicht unterkriegen, wir denken uns was aus, wir zwei! Ach, ich hab' so viele, viele gute Briefe gekriegt!

Deine Maxie

ELSE LASKER-SCHÜLER
Weltende

Es ist ein Weinen in der Welt,
Als ob der liebe Gott gestorben wär,
Und der bleierne Schatten, der niederfällt,
Lastet grabesschwer.

Komm, wir wollen uns näher verbergen …
Das Leben liegt in aller Herzen
Wie in Särgen.

Du! wir wollen uns tief küssen –
Es pocht eine Sehnsucht an die Welt,
An der wir sterben müssen.

MARLEN HAUSHOFER
Die Ratte

Nach dem Mittagessen, Suppe, Kompott und eine Scheibe
Zwieback, nickte die Kranke ein wenig ein und träumte. Sie
war wieder zwölf und spielte mit einem Rudel Nachbars-
kinder auf jenem vergessen geglaubten Heuboden. Auf der
Schaukel stehend, die Seile fest umklammernd, schwebte
sie über den riesigen Heubergen, und eine Stimme schrie:
»Spring doch endlich! Komm schon, spring!« Plötzlich wei-
tete sich das graue Dach zu einer unendlich großen Kuppel.
Die Heuberge waren jetzt ganz klein und sehr weit unten.
Es war eine Lust, auf der Schaukel zu fliegen und den Wind
um die nackten Knie zu spüren, aber sie durfte nicht einfach weiterschaukeln, sie mußte springen. Sie wußte nicht,
warum, nur, daß alles auf diesen Augenblick wartete. Es
kam ganz darauf an, den Absprung richtig zu erwischen.
Vielleicht noch zwei, drei Schwünge. Sie sammelte sich,

spürte, wie ihre Hände feucht wurden, und ging in die Knie. Das Heumeer unter ihr schlug Wellen, und »Spring! spring! laß los!« drangen die Stimmen zu ihr herauf. Sie konnte die aufwärtsgewandten Gesichter der rufenden Kinder nur als blasse Kreise sehen. »Ich komme«, schrie sie und stieß sich ab. Und dann die rasende, angstvolle Lust des Fallens. Die Heuberge stürzten auf sie zu, und endlich das Versinken, das Ruhen in gestaltloser Schwärze, das Glück, ohne Körper zu sein. Auf den Absprung war es angekommen, jetzt konnte ihr nichts mehr geschehen, sie war geborgen.

Etwas klirrte heftig, sie schlug die Augen auf und sah völlig unbegreifliche und fremde Formen, die sich vor ihren Augen bewegten, dann stieg sie unwillig und zögernd aus der dunklen Wärme des Traumes empor und wußte, wo sie war. Es gab keinen Heuboden und keine Schaukel. Sie lag in ihrem Spitalbett, und die Schwester stellte den Tee auf das Tischchen und klirrte mit dem Löffel.

Und noch jemand war im Zimmer, ihr Mann: er saß am Fußende des Bettes und hatte geduldig auf ihr Erwachen gewartet. Sie sah wie er sofort ein heiteres Gesicht aufsetzte, aber, wie immer, war er viel zu langsam für sie gewesen, und sie mußte lächeln, obgleich es nichts gab, worüber man hätte lächeln können. Ihr Mann stellte eine Menge Fragen, zum Teil, weil er wirklich nichts vom Haushalt verstand, zum Teil, um sie auf andere Gedanken zu bringen und abzulenken. Wo denn seine Unterleibchen aufbewahrt seien, und die Schuhbänder könne er auch nicht finden, ob die letzte Kohlenrechnung eigentlich bezahlt sei, und was er seinem Neffen zur Hochzeit schenken solle. Es war sehr merkwürdig, daß es eine Welt gab, in der man Schuhbänder brauchte und die Leute heirateten, aber wahrscheinlich schien die Welt der Spitalbetten den Schuhbandverbrauchern und Hochzeitern ebenso merkwürdig.

Sie versuchte ihre Gedanken zu sammeln und vernünftige Antworten zu geben auf seine Fragen, die ihr so absurd erschienen. Schließlich, nachdem ihm nichts anderes mehr einfiel, fragte er sie, wie sie sich heute fühle, und streichelte ungeschickt ihre Hand. Sie empfand flüchtiges Mitleid mit ihm, aber das alles ging sie nichts mehr an. Sie sagte, es gehe ihr ganz gut, und sie habe keine Angst vor der Operation. »Das brauchst du auch wirklich nicht«, versicherte er eine Spur zu eifrig, »nachher wirst du endlich wieder gesund werden.«

Er war fünfzig, genauso alt wie sie, und sie kannte ihn seit dreißig Jahren. Wenn er zu lügen versuchte, und das tat er natürlich immer noch, merkte sie es an einem winzigen Zucken des linken Augenwinkels. Jetzt hatte er auch gelogen. Sie brauchte diese Bestätigung ihrer Angst nicht, insgeheim hatte sie aber doch gehofft, jenes verräterische Zucken nicht sehen zu müssen. Das wilde Verlangen überfiel sie, allein zu sein und keine Besuche empfangen zu müssen. Aber sie konnte nicht sagen: »Geh heim und laß mich in Ruhe, du wirst leben und ich muß sterben, zwischen uns gibt es keine Gemeinsamkeit mehr.« Derartige Dinge sagte man nicht. Sie kramte aus der Lade des Nachtkästchens einen Zettel, auf dem sie verschiedene Dinge notiert hatte, die er unbedingt wissen mußte, und untersagte ihm zum letztenmal mit großer Entschiedenheit, die Kinder zu verständigen. Er versprach es, und sie wußte, er würde dieses Versprechen halten, zumindest bis zu einem Zeitpunkt, an dem es keine Rolle mehr spielte, wer an ihrem Bett saß und weinte.

Nach einer halben Stunde kam noch ihre Kusine, eine kleine, dickliche Blondine in ihrem Alter, aber gesund und viel jünger aussehend. Eine Witwe, die ihr Leben, in Grenzen, genoß. Sie streifte den Mann mit einem flüchtigen Blick und sah rasch wieder weg. Es war geradezu lachhaft, wie schlecht die Menschen sich verstellen konnten. Die Kranke hatte schon längere Zeit vermutet, daß die beiden, seit sie hier lag, einander nähergekommen waren. Anfangs hatte sie sich gekränkt darüber, jetzt wußte sie plötzlich, daß es ihr ganz einerlei war. Sie langweilte sich sehr und wünschte sehnsüchtig, alleingelassen zu werden. Vor Ungeduld begann sie, mit den Zehen leise auf dem Leintuch zu scharren. Ihre Kusine war dabeigewesen auf dem Heuboden. Sie hatte gerufen: »Spring! spring!«, war aber selber nie gesprungen, schon damals eine vorsichtige kleine Person. Jetzt beugte sie sich über die Kranke und fragte besorgt: »Hast du Schmerzen?« – »Es ist nicht schlimm.« Das war keine Lüge. Es war wirklich nicht schlimm, noch nicht. Nur gerade so, daß sie immer daran erinnert wurde. Manchmal fing tief drinnen etwas zu wühlen an, dann mußte sie die Hände gegen den Bauch pressen und seufzen.

Der Tod hatte für sie eine neue Gestalt angenommen. Er war nicht länger ein Gerippe oder ein dunkler Engel, er war eine kleine Ratte, mit langer, blutbeschmierter Schnauze. Darüber hatte sie schon sehr oft gegrübelt. Warum konnte sie nicht den dunklen Engel haben, oder wenigstens das reinliche Gerippe. Und wie sollte sie es anstellen, der Ratte in ihrem Leib zu entkommen?

Geistesabwesend verabschiedete sie sich von ihren Besuchern. Sie küßte ihren Mann auf die Wange und war ihm nicht böse. Als sie den Kummer und das Schuldgefühl in seinen Augen sah, sagte sie sogar etwas Tröstliches. Grau, gebeugt und recht alt aussehend, ging er davon. Sie erinnerte sich, immer schon beim Anblick seines Rückens etwas wie Rührung empfunden zu haben; es war der Rücken eines Menschen, der wenig Glück gehabt hatte, weil er nie gelernt hatte, glücklich zu sein. Sie gönnte ihm die kleine Blondine, die sich warm und gesund anfühlen mochte, aber im Augenblick hatte sie nicht Zeit, daran zu denken.

Es gab jetzt nur ein Problem zu lösen. Da sie nicht mehr gesund werden konnte, mußte sie versuchen zu sterben, ehe die Ratte in ihrem Bauch Tag und Nacht wühlen würde.

Den Gedanken an Selbstmord hatte sie längst aufgegeben. Sie wußte, daß sie nicht mehr die Kraft zu einer Gewalttat hatte, und Medikamente wurden ihr nur als Spritzen verabreicht. Ihr Herz war nicht sehr gesund, aber doch zu gesund, um während der Operation einfach stehen zu bleiben. Vor etlichen Jahren hatte sie einmal ein Buch über Selbsthypnose in die Hand bekommen, aber es gelangweilt wieder weggelegt. Jetzt tat es ihr leid, so wenig Ausdauer besessen zu haben. Wie sie die Zeit vergeudet hatte, es war einfach unvorstellbar; die kostbaren vertrödelten Tage und Stunden, die ihr jetzt so bitter fehlten.

Man hatte sie eine Woche lang auf die Operation vorbereitet und ihr Herz gestärkt. Dagegen konnte sie gar nichts tun. Sobald die Nadel in ihre Vene gestoßen wurde, machte das Medikament sich auf den Weg, um wie ein kleiner Roboter seine Pflicht zu erfüllen. Manchmal ließ dieser Gedanke sie ganz schwach werden vor Ärger. Und es war nicht daran zu denken, mit einem Arzt ein vernünftiges Wort zu reden, jeder setzte sofort sein berufsmäßiges Grinsen auf und begann seine Lügen herzusagen, geradeso als habe man sie längst aus der Liste der vernunftbegabten Lebewesen gestrichen. Überhaupt empfand sie gegen Ärzte und Schwestern eine Feindseligkeit, die sie nur mit Mühe verbergen konnte. Es nützte gar nichts, wenn sie sich immer wieder sagte, daß sie doch nur ihre Pflicht taten und sagten, was ihnen vorgeschrieben war. Wenn die Pflicht es befahl, ein Herz zu stärken, so taten sie es ohne Zögern, mochte das Leiden des Kranken dadurch auch um Monate verlängert werden. Fing er an zu leiden, gebot es die Pflicht, ihm zu den herzstärkenden auch noch schmerzlindernde Mittel zu verabreichen. Sie nahm an, daß zumindest die Ärzte wußten, wie unsinnig diese Methode war, aber was nützte es, keiner von ihnen wagte es, von den Vorschriften abzuweichen. Sie litt sehr unter ihrer Feindseligkeit und unter ihrem Mißtrauen und merkte mit Entsetzen, wie sie sich von Tag zu Tag mehr von ihrem früheren Ich entfernte und ein ganz fremdes Wesen wurde.

In den letzten Tagen aber war auch dies in den Hintergrund getreten. Es gab für sie nur noch einen Gedanken: der Ratte in ihrem Leib zu entfliehen.

Stundenlang lag sie fast regungslos auf dem Rücken und befahl ihrem Herzen, während der Narkose stehen zu bleiben. Wenn sie nur jenes Buch genauer gelesen hätte, sie mußte ihre eigene Methode finden, und sie durfte nicht versagen. Diese Arbeit war so anstrengend, daß sie manchmal vor Erschöpfung einschlief. Sie ärgerte sich maßlos über jede Störung, Besucher, Ärzte, Schwestern und gelegentliche Schmerzanfälle, die sie von ihrem Vorhaben abhielten. Nachts, wenn endlich Ruhe sich über die langen Korridore senkte, gelang es ihr am besten, sich zu konzentrieren und kurze, strenge Befehle in sich hinein zu senden, dorthin, wo ihr zu Unrecht gestärktes Herz ängstlich schlug.

Auch jetzt, am Abend vor der Operation, lag sie erschöpft von den peinlichen Vorbereitungen, die man getroffen hatte, langausgestreckt, und schickte die letzten Beschwörungen aus: sie bildete die magischen Worte in ihrem Hirn, in winzigen Lettern, die sie mit aller Kraft durch die Wände der Gefäße preßte, in den Blutstrom, der sie zu ihrem Herzen trug: »Steh still, steh still, hör auf zu schlagen, steh still!« Immer und immer wieder.

Müde und voll heimlicher Zuversicht schlief sie nach Mitternacht ein. Am frühen Morgen nahm sie ihre Übungen sofort wieder auf: Steh still, steh still, hör auf zu schlagen, steh still!

Sie spürte kaum die Beruhigungsspritze, und später, als sie auf den Operationstisch gehoben wurde, formte ihr Hirn noch immer die winzigen tödlichen Lettern. Der Narkosearzt schob die Nadel in ihre Armvene und ein letztes »Steh still« sickerte träge in den Blutstrom.

Sie erwachte und wußte, sehr viel Zeit war vergangen. Die Ratte wühlte wie rasend in ihrem Leib. Jemand kam mit einer Spritze, und der Schmerz verebbte nach einer Weile. Sie versuchte zu denken, und es fiel ihr sehr schwer. Ihr Herz hatte also den Gehorsam verweigert. Blind und gierig wollte es weiterschlagen, Blut ansaugen, Blut ausstoßen, in alle Ewigkeit, dummes verräterisches Ding. Gern hätte sie vor Enttäuschung geweint, aber das war sinnlose Verschwendung. So starrte sie mit heißen Augen auf die Wand.

In der Dämmerung kam eine Schwester und wusch ihre aufgesprungenen Lippen mit einem Schwämmchen. Und wieder eine Spritze, und sie schlief ein.

Gegen Morgen lichtete sich die dumpfe Bewußtlosigkeit. Sie träumte von der Schaukel und dem riesigen Heuboden. Auf und nieder flog sie, und die Stimmen tief unten riefen: »Spring! spring! komm doch endlich, laß los!« – »Ich komme!«, schrie sie und ließ die Seile los. Wahnsinnige Lust des Fliegens, atemloser Sturz und Versinken in der Dunkelheit der Heuberge.

Sie erwachte stöhnend und spürte die Ratte wühlen. Mit angehaltenem Atem wartete sie, die Hand auf den Leib gepreßt. Nach einer sehr langen Zeit, fünf Minuten oder fünf Stunden, war die Ratte satt und rollte sich zufrieden zusammen. Die Spritze wirkte nach und die Kranke dämmerte vor sich hin. Sie stand auf der Schaukel, flog auf und nieder, und die Stimmen riefen: »Spring! Spring!« Und sie warf die Arme hoch und schrie: »Ich komme!« Dann riß eine grobe Hand ihren Kopf zurück, und sie wußte, daß sie nicht springen konnte und die schützenden Heuberge nie erreichen würde. Aufschreiend erwachte sie.

Auch die Ratte war erwacht und begann in zarten, vorsichtigen Stößen zu wühlen.

INGEBORG BACHMANN
Strömung

So weit im Leben und so nah am Tod,
daß ich mit niemand darum rechten kann,
reiß ich mir von der Erde meinen Teil;

dem stillen Ozean stoß ich den grünen Keil
mitten ins Herz und schwemm mich selber an.

Zinnvögel steigen auf und Zimtgeruch!
Mit meinem Mörder Zeit bin ich allein.
In Rausch und Bläue puppen wir uns ein.

GIUSEPPE UNGARETTI
Ich bin eine Kreatur

Wie dieser Stein
des hl. Michael
so kalt
so hart
so ausgetrocknet
so widerständig
unbeseelt
so ganz und gar

Wie dieser Stein
ist mein Weinen
man sieht es nicht

Den Tod
büßt man
lebend ab

Also fragen wir beständig
Bis man uns mit einer Handvoll
Erde endlich stopft die Mäuler –
Aber ist das eine Antwort?

Als Heinrich Heine das schrieb

als er mit letzten Amüsements
dem Verhängnis zuvorzukommen suchte

bei Gesprächen
das gelähmte Augenlid mit dem Finger hob
mit dem Opernglas
die Menschen auf der Straße beobachtete

da schleppte er sich
hinter sich selbst her

erfuhr er Last und Überlast

hatte er verstanden,
daß man immer zu spät sieht,
wann etwas aufzuhören beginnt

stellte er sich die Frage,
ob alles unabänderlich sei

ach diese Vogelscheuche Vergänglichkeit.

Um eine Verletzung auszuheilen, die ich mir durch einen Sturz aus der Yamanote-Ringbahn in Tôkyô zugezogen hatte, begab ich mich nach dem Heilbad Kinosaki. Die Rückenwunde konnte durchaus lebensgefährlich werden, falls eine Rückenmarkserkrankung daraus entstand. Doch dies war, wie mir der Arzt versichert hatte, nicht eben wahrscheinlich. Trete diese Verschlimmerung nach zwei, drei Jahren noch nicht auf, so sei nichts mehr zu befürchten; zunächst müsse ich aber sehr vorsichtig sein. Dies war der Grund, weshalb ich mich entschloß, nach Kinosaki zu fahren.

Mein Kopf befand sich in einem anhaltenden Dämmerzustand. Meine Vergeßlichkeit war kaum zu fassen. Aber ich war in einer so ausgeglichenen Stimmung, wie ich sie seit Jahren nicht mehr erlebt hatte.

Es war um die Zeit, da man den Reis zu ernten begann; das Wetter war schön. Ich war ganz allein und hatte niemanden, mit dem ich mich hätte unterhalten können. Ich las und schrieb oder saß gedankenverloren auf einem Stuhl in der schmalen Veranda vor dem Zimmer und sah auf die Berge oder die Straße, oder ich ging spazieren. So brachte ich die Zeit hin. Zum Wandern hatte ich einen wundervollen Weg entdeckt, der von der Stadt aus an einem kleinen Bach entlang gemächlich hügelan stieg. Fast vor jedem Abendessen ging ich diesen Weg. Wenn ich in den kühlen Dämmerstunden durch die herbstliche Bergschlucht den klaren, schmalen Bach entlangschritt, waren meine Gedanken voll Schwermut. Doch ich empfand dabei eine wohlige Ruhe. Ich dachte viel an meine Wunde. Wie wenig hatte gefehlt, überlegte ich, so schlummerte ich jetzt in der Friedhofserde von Aoyama, mit dem Gesicht nach oben. Mit einem bleichen, kalten und harten Gesicht, die Schläfenwunde und die Verletzung am Rücken unverheilt. Die Skelette meines Großvaters und meiner Mutter lägen daneben. Und all dies, ohne daß wir Worte oder Blicke miteinander tauschen konnten. Das waren die Gedanken, die dann in mir aufstiegen. Es waren melancholische Gedanken, allein sie erschreckten mich kaum. Irgendwann würde es wirklich so sein, aber wann? Bisher hatte ich wohl auch manchmal an den Tod gedacht, doch dieses Wann stets in eine weite Ferne geschoben. Jetzt empfand ich deutlich, daß es wirklich irgendwann so sein würde. Nur war seltsam, daß ich bei dieser Erkenntnis völlig ruhig blieb. In meinem Herzen keimte eine freundschaftliche Vertrautheit mit dem Tode auf.

Mein Hotelzimmer lag im ersten Stock. Es war ruhig, ich hatte keinen Nachbarn. Wenn ich vom Lesen oder Schreiben ermüdet war, ging ich oft auf die Veranda hinaus und setzte mich auf einen Stuhl. Gleich daneben war das Dach der Vorhalle. Unter der Holzvertäfelung, mit der dieses Dach an die Hauswand stieß, hatten sich Bienen eingerichtet. Erlaubte es das Wetter auch nur einigermaßen, arbeiteten die getigerten, großen, rundlichen Bienen mit rastloser Emsigkeit Tag für Tag, vom Morgen bis in die Abendstunden hinein. Bevor sie von der Holzvertäfelung abflogen, untersuchten sie mit ihren winzigen Vorder- und Hinterfüßen ganz sorgsam ihre Flügel und Fühler und liefen probeweise ein wenig im Kreise, aber es gab auch solche, die sofort ihre dünnen, langen Flügel kräftig ausspannten und mit einem tiefen Summen plötzlich und schnell davonschwirrten. Die Blumen und Hecken des Hotelgartens hatten gerade zu blühen begonnen, und dort schwärmten nun die Bienen umher.

Eines Morgens entdeckte ich eine tote Biene mitten auf dem Dach der Vorhalle. Ihre Füße waren fest an den Leib gepreßt, die Fühler hingen verbogen vor ihrem Gesicht. Für die anderen Bienen schien sie nicht dazusein. Ihre rastlose Geschäftigkeit gab ein Bild heiß pulsierenden Lebens. Die tote Biene aber, die am Morgen, Mittag und Abend – wann immer ich hinsah – regungslos auf dem Rücken lag, ließ mich sehr eindringlich die Gegenwart des Todes spüren. Das währte drei Tage. Immer wenn ich sie betrachtete, sammelte sich in mir eine tiefe Ruhe. Ich war geborgen in stiller Einsamkeit. Am Abend, wenn die anderen Bienen auf ihre Waben zurückgekehrt waren, lag auf den kalten Ziegeln, übriggeblieben, nur diese eine tote Biene. Es war ein schwermütiger Anblick, der aber gleichzeitig einen ungewöhnlichen Frieden spendete.

In der Nacht strömte heftiger Regen nieder. Am Morgen klarte es auf. Die Blätter der Bäume, der Erdboden und das Dach waren sauber gewaschen. Die tote Biene lag nicht mehr da. Die anderen waren wie immer emsig an der Arbeit; die tote Biene hatte wohl der Regen weggeschwemmt. Mit zusammengekrümmten Füßen und eng an das Gesicht gepreßten Fühlern lag sie nun irgendwo, vielleicht völlig verschmutzt. Oder war sie von Ameisen fortgeschleppt worden? Auch diese Vorstellung gewährte mir eine Stimmung friedlicher Ruhe. Während ihres ganzen Lebens hatte die Biene fast ununterbrochen sich gemüht, jetzt war für sie nichts mehr zu tun. Und das erzeugte die große Ruhe rings um sie. Ich fühlte eine zärtliche Zuneigung zu dieser Stille.

Es war nicht lange nach diesem Erlebnis. Ich hatte an einem Vormittag das Hotel in der Absicht verlassen, nach dem Maruyama-Fluß und dem Higashiyama-Park zu wandern, von wo aus man das Japanische Meer sehen kann. Vor Ichinoyu fließt ein Bach sanft neben dem Weg dahin. Ich war noch gar nicht so lange gegangen, da sah ich vor mir auf einer Brücke und an beiden Ufern Menschen stehen. Sie schienen in großer Erregung zu sein und sahen angespannt auf irgend etwas, das im Bach zappelte. Ich erkannte sogleich eine große Ratte. Ihr Hals war von einem sieben Zoll langen Angelhaken durchbohrt. Über ihrem Kopf und unter ihrem Hals sahen je etwa drei Zoll heraus. Das Tier mühte sich verzweifelt, an der steinernen Uferwand empor-zuklettern. Ein paar Kinder und ein etwa vierzigjähriger Rikschamann warfen mit Steinen nach ihr. Aber sie trafen nicht. Klatschend schlugen die Steine gegen die Uferwand und prallten zurück. Die Zuschauer lachten laut auf. End-lich gelang es der Ratte, mit ihren Vorderfüßen in einer Wandritze einen Halt zu finden. Doch immer, wenn sie sich in die Spalte zwängen wollte, hinderte sie der Haken, von dem sie durchbohrt war. Sie fiel ins Wasser zurück. Aber sie versuchte es immer wieder aufs neue. Der Ausdruck in ih-ren Augen war für Menschen nicht verständlich, doch an der Art ihrer Bewegungen erkannte man deutlich eine ver-zweifelte Entschlossenheit. Sie schien sich daran zu klam-mern, daß sie gerettet sei, wenn ihr gelänge, irgendwohin zu entfliehen, und so schwamm sie mitten in den Bach hin-ein. Die Kinder und der Rikschamann warfen, sich immer wilder ergötzend, ununterbrochen mit Steinen nach ihr. Einige Enten, die vor dem benachbarten Wäscheplatz Fut-ter suchten, wurden durch diese Steinwürfe aufgeschreckt; sie machten die Hälse lang und äugten unruhig umher. Mit erregten Mienen und langgestreckten Hälsen, schreiend und emsig mit den Füßen paddelnd, schwammen sie schließlich bachaufwärts davon. Ich hatte keine Lust, das entsetzliche Ende dieser Ratte noch weiter mit anzusehen. Wunderlich hartnäckig haftete die Vorstellung in meinem Kopf, daß sie nicht sterben wollte, jedoch das unabwendbare Schicksal eines nahen Todes in sich trug und ihre letzten Kräfte auf-bot, irgendwohin zu entfliehen. So also war die Wirk-lichkeit. Was war das für eine furchtbare Qual, die erst durchlitten werden mußte, bis die ersehnte Geborgenheit erreicht war! Ich empfand wohl eine innige Vertrautheit mit der friedlichen Ruhe nach dem Tod, aber doch graute mir vor dieser Verwirrung und Verzweiflung. Die Tiere kennen den Selbstmord nicht, sie müssen daher den Kampf um ihr Leben so lange fortsetzen, bis sie der Tod erlöst. Wie aber hätte ich gehandelt, wenn mir das gleiche Schicksal widerfahren wäre wie der Ratte? Würde ich nicht auch ebenso verzweifelt gegen den Tod ankämpfen wie sie? Mir fiel ein, wie nahe ich selbst daran gewesen war, als ich mich durch den Sturz aus der Ringbahn verletzt hatte. Ich war halb bewußtlos gewesen, aber ich hatte alles getan, um mein Leben zu erhalten. Ich hatte selber das Krankenhaus bestimmt und die Art, wie ich dorthin zu bringen war. Ich hatte gebeten, zuerst den Arzt anzurufen, damit bis zu meiner Ankunft alles für die Operation vorbereitet werden konnte. Nachher war ich selber darüber verblüfft, wie ich es nur fertiggebracht hatte, in halb bewußtlosem Zustand klar für das Allerwichtigste Vorsorge zu treffen. Und obgleich der Arzt meine Wunde als lebensgefährlich erklärte, war ich doch von der Möglichkeit meiner Rettung überzeugt und bemühte mich mit aller Kraft darum. Das war von der seelischen Verfassung der Ratte kaum sehr verschieden.

Kurze Zeit darauf wanderte ich eines Abends allein von dem Ort aus an dem kleinen Bach entlang gemächlich bergauf. Nachdem ich vor dem Tunnel der Sannin-Linie die Schienen überquert hatte, wurde der Weg ganz eng und still, nur der Bach floß mit ziemlichem Gefälle talabwärts. Nirgendwo war eine Spur menschlicher Behausungen zu sehen. Bleich und kalt lag die Natur vor mir. Es wurde empfindlich kühl, die ungewöhnliche Stille erregte in mir eine seltsame Unruhe. Allmählich dämmerte es. Endlich entschloß ich mich umzukehren. Im gleichen Augenblick entdeckte ich auf einem schräg in den Bach reichenden Stein, der etwa einen Meter lang und breit war, ein schwarzes kleines Etwas. Es war ein Aalmolch. Er war naß und von wundervollem Glanz. Den Kopf nach unten geneigt, dem Wasser zu, hockte er unbeweglich. Von seinem glatten Körper tropfte das Wasser auf den dunklen, trockenen Stein.

Unwillkürlich kauerte ich mich nieder und sah ihm zu. Und plötzlich spürte ich den Wunsch, das kleine Tier zu erschrecken und ins Wasser zu jagen. Ich stellte mir den trippelnden Molch vor, wie er unbeholfen den schwarzen, schmalen Körper bewegte. Ich griff nach einem Stein und warf ihn. Ich zielte durchaus nicht. Seit jeher bin ich im Werfen so ungeschickt, daß ich auch bei sorgfältigstem Zielen kaum je treffe. In diesem Augenblick hatte ich aber auch nicht die geringste Absicht, das kleine Tier zu treffen. Der Stein fiel nach einem dumpfen Laut ins Wasser. Gleichzeitig sprang der Molch vier Zoll weit auf die Seite, den Schwanz steil in die Höhe gerichtet. Ich erschrak heftig, kam jedoch zunächst gar nicht auf den Gedanken, daß ich ihn etwa getroffen haben könnte. Und da senkte sich der Schwanz des Molchs auch schon wieder, ganz natürlich und ohne Hast. Die dünnen Beine knickten ein, die Zehen der beiden Vorderfüße krümmten sich nach innen, kraftlos fiel der kleine Leib nach vorn. Der Schwanz lag platt auf dem Stein, er bewegte sich nicht mehr. Der Aalmolch war tot. Was hatte ich da Furchtbares getan! Es erzeugte in mir ein seltsam qualvolles Gefühl, daß ich das kleine Tier getötet hatte, ohne es auch nur im geringsten gewollt zu haben. Ich hatte es mit eigenen Händen vollbracht, und trotzdem erschien mir diese Untat als das Werk eines blinden Zufalls. Für den Aalmolch war es ein vollkommen unerwarteter Tod. Ich blieb noch eine Weile sitzen. Mir war, als existierten in diesen Augenblicken auf der ganzen Welt nur mehr dieser Molch und ich. Zum andern hatte ich die merkwürdige Empfindung, nun selber ein Aalmolch geworden zu sein. Ich spürte Mitleid, und gleichzeitig erlebte ich das trostlose Ausgesetztsein aller Kreatur. Ein kleiner Zufall hatte damals meinen Tod verhindert. Der Aalmolch war aber infolge eines anderen Zufalls jetzt tot. Von Schwermut umfangen, ging ich schließlich auf dem Weg, der nur noch unmittelbar vor meinen Füßen sichtbar war, zu meinem

Hotel zurück. Weit in der Ferne sah ich die ersten Lichter aufleuchten ... Was mochte aus der toten Biene geworden sein? Sie war wohl schon mit der Erde vermischt. Und was war inzwischen mit der Ratte geschehen? Vielleicht war sie schon ins Meer geschwemmt, und die Wellen warfen ihren aufgetriebenen Leib zusammen mit irgendwelchem Unrat an den Strand. Und ich, der ich nicht gestorben war, ging jetzt so des Wegs. Das waren die Gedanken, die mich beschäftigten. Es war seltsam, daß sich in mir Dankbarkeit regte. Ich war voll Freude, doch ich konnte sie schwer ergründen. Leben und Totsein, das waren in diesem Fall keine entgegengesetzten Pole. Sie erschienen mir gar nicht so voneinander verschieden.

Inzwischen war es schon recht dunkel geworden. In weiter Ferne ertastete mein Blick ein paar Lichter. Unsicher suchten meine Füße den Weg, so, als hätten sie mit den Augen nicht das geringste zu tun. Mein Verstand arbeitete rege, von allem unabhängig, ganz für sich. All das verstärkte die geheimnisvolle Stimmung in mir, mitten zwischen Leben und Tod zu weilen.

Nach drei Wochen verließ ich Kinosaki. Seitdem sind nun schon drei Jahre vergangen. Die Rückenmarkserkrankung hat mich nicht befallen.

ROSE AUSLÄNDER
Ich denke

Ich denke
an die Eltern die mich verwöhnten
an Spielzeug und Kindergespielen

an Lust und Qual meiner
ersten Liebe

an Venedig Luzern die
Riviera und Israel

an Hölderlin Trakl
Kafka und Celan

an das Getto an Todestransporte
Hunger und Angst

an den Unfall
das ewige Bett an Freunde die
mich verließen und Menschen
die mir beistehn

Ich denke an die Ohnmacht meines Körpers
die Macht des Denkens
an Zauberworte und
Lebenszauber

Der winkende Tod
denkt an mich

In meinen Tiefträumen
weint die Erde
Blut

Sterne lächeln
in meine Augen

Kommen Menschen
mit vielfarbnen Fragen
Geht zu Sokrates
antworte ich

Die Vergangenheit
hat mich gedichtet
ich habe
die Zukunft geerbt

Mein Atem heißt
JETZT

»Ich möchte hingehn
wie das Abendrot«

TODESSEHNSUCHT

FRIEDRICH HÖLDERLIN
Das Angenehme dieser Welt...

Das Angenehme dieser Welt hab ich genossen,
Die Jugendstunden sind, wie lang! wie lang! verflossen,
April und Mai und Julius sind ferne,
Ich bin nichts mehr, ich lebe nicht mehr gerne!

JOSEPH VON EICHENDORFF
Im Abendrot

Wir sind durch Not und Freude
Gegangen Hand in Hand:
Vom Wandern ruhen wir beide
Nun überm stillen Land.

Rings sich die Täler neigen,
Es dunkelt schon die Luft,
Zwei Lerchen nur noch steigen
Nachträumend in den Duft.

Tritt her und laß sie schwirren,
Bald ist es Schlafenszeit,
Daß wir uns nicht verirren
In dieser Einsamkeit.

Oh weiter, stiller Friede!
So tief im Abendrot,
Wie sind wir wandermüde –
Ist dies etwa der Tod?

Letztes Lied

Meine Blumen sind verblüht!
Sing es, kleines Lied! –
Meine Blumen sind verblüht,
Aber andre, hoff ich, werden
Schöner blühn auf schönern Erden,
Wo die kleinste nicht verblüht.
Sing es, kleines Lied!

GEORG HERWEGH
Ich möchte hingehn wie das Abendrot

Ich möchte hingehn wie das Abendrot
Und wie der Tag mit seinen letzten Gluten –
O leichter, sanfter, ungefühlter Tod! –
Mich in den Schoß des Ewigen verbluten.

Ich möchte hingehn wie der heitre Stern,
Im vollsten Glanz, in ungeschwächtem Blinken;
So stille und so schmerzlos möchte gern
Ich in des Himmels blaue Tiefen sinken.

Ich möchte hingehn wie der Blume Duft,
Der freudig sich dem schönen Kelch entringet
Und auf dem Fittich blütenschwangrer Luft
Als Weihrauch auf des Herren Altar schwinget.

Ich möchte hingehn wie der Tau im Tal,
Wenn durstig ihm des Morgens Feuer winken:
O wollte Gott, wie ihn der Sonnenstrahl,
Auch meine lebensmüde Seele trinken!

Ich möchte hingehn wie der bange Ton,
Der aus den Saiten einer Harfe dringet,
Und, kaum dem irdischen Metall entflohn,
Ein Wohllaut in des Schöpfers Brust verklinget.

Du wirst nicht hingehn wie das Abendrot,
Du wirst nicht stille wie der Stern versinken,
Du stirbst nicht einer Blume leichten Tod,
Kein Morgenstrahl wird deine Seele trinken.

Wohl wirst du hingehn, hingehn ohne Spur,
Doch wird das Elend deine Kraft erst schwächen;
Sanft stirbt es einzig sich in der Natur,
Das arme Menschenherz muß stückweis brechen.

ELSE LASKER-SCHÜLER
Ich weiß

Ich weiß, daß ich bald sterben muß
Es leuchten doch alle Bäume
Nach langersehntem Julikuß –

Fahl werden meine Träume –
Nie dichtete ich einen trüberen Schluß
In den Büchern meiner Reime.

Eine Blume brichst du mir zum Gruß –
Ich liebte sie schon im Keime.
Doch ich weiß, daß ich bald sterben muß.

Mein Odem schwebt über Gottes Fluß –
Ich setze leise meinen Fuß
Auf den Pfad zum ewigen Heime.

HERMANN HESSE
Leb wohl, Frau Welt

Es liegt die Welt in Scherben,
Einst liebten wir sie sehr,
Nun hat für uns das Sterben
Nicht viele Schrecken mehr.

Man soll die Welt nicht schmähen.
Sie ist so bunt und wild,
Uralte Zauber weben
Noch immer um ihr Bild.

Wir wollen dankbar scheiden
Aus ihrem großen Spiel:
Sie gab uns Lust und Leiden,
Sie gab uns Liebe viel.

Leb wohl, Frau Welt, und schmücke
Dich wieder jung und glatt,
Wir sind von deinem Glücke
Und deinem Jammer satt.

HERMANN HESSE
Welkes Blatt

Jede Blüte will zur Frucht,
Jeder Morgen Abend werden,
Ewiges ist nicht auf Erden
Als der Wandel, als die Flucht.

Auch der schönste Sommer will
Einmal Herbst und Welke spüren.

Halte, Blatt, geduldig still,
Wenn der Wind dich will entführen.

Spiel dein Spiel und wehr dich nicht,
Laß es still geschehen.
Laß vom Winde, der dich bricht,
Dich nach Hause wehen.

HENRI MICHAUX
Tragt mich fort

Tragt mich fort in einer Karavelle,
in einer alten, sanften Karavelle,
am Bugspriet, vielleicht auch im Kielwasserschaum,
und laßt mich fallen, fernab, fernab.

Im Pferdegespann einer andern Zeit.
Im täuschenden Sammet von Schneewehen.
Im Atemdampf streunender Hunde.
In den kraftlosen Rudeln toter Blätter.

Tragt mich fort, geborgen in Küssen,
im Steigen hochatmender Brüste,
auf Kissen der Hände und weichem Lächeln,
in den Geheimgängen von Gebein und Gelenk.

Tragt mich fort, am besten, grabt mich ein.

Grabspruch der Anna Pawlowa

»Erde, wieg nicht zu schwer auf mir,
denn ich wog auf dir nicht zu schwer«

ALEXANDER XAVER GWERDER
Ohne Worte

Dies ist die letzte Stunde. Oh, Glück!
Ich kann nicht erzählen, wie es ist,
mir fehlen endlich die Worte. Sag du's…

»Ich bin im Wald, muss nie mehr zurück
und spüre, wie mich die Welt vergisst –
Aber Worte –? – Ich seh nur noch Kronen –«

Ja – wir werden an den Quellen wohnen.

»Es ist ein Schnitter…«

TOD

Mitten wyr ym leben sind /
mit dem tod vmbfangen /
Wen suchen wyr der hulffe thu /
das wyr gnad erlangen /
Das bistu Herr alleyne /
vns rewet vnser missethat /
die dich Herr erzurnet hat /
Heyliger herre Gott /
Heyliger starcker Gott /
Heyliger barmhertziger Heyland /
du ewiger Gott /
las vns nicht versincken /
ynn des bittern todes not /
Kyrieleyson.

UNBEKANNTER DICHTER
Schnitter Tod

Es ist ein Schnitter, heißt der Tod,
Hat Gwalt vom großen Gott;
Heut wetzt er das Messer,
Es schneidt schon viel besser;
Bald wird er drein schneiden,
Wir müssen nur leiden:
Hüt dich, schöns Blümelein!

Was heute noch frisch und grün dasteht,
Wird morgen weggemäht:
Die edel Narzissel,
Die himmlischen Schlüssel,
Die schön Hyazinthen,

Die türkischen Binden:
Hüt dich, schöns Blümelein!

Viel hunderttausend ungezählt,
Was nur unter die Sichel fällt:
Rot Rosen, weiß Lilgen,
Beid wird er austilgen,
Und ihr, Kaiserkronen,
Man wird euch nicht schonen:
Hüt dich, schöns Blümelein!

Das himmelfarbne Ehrenpreis,
Tulipanen gelb und weiß,
Die silbernen Glocken,
Die goldenen Flocken,
Senkt alles zur Erden!
Was wird daraus werden?
Hüt dich, schöns Blümelein!

Trutz, Tod, komm her, ich fürcht dich nit!
Trutz! eil daher in einem Schritt!
Wann Sichel mich letzet,
So werd ich versetzet
In den himmlischen Garten,
Darauf will ich warten!
Freu dich, schöns Blümelein!

MATTHIAS CLAUDIUS
Der Tod

Ach, es ist so dunkel in des Todes Kammer,
Tönt so traurig, wenn er sich bewegt
Und nun aufhebt seinen schweren Hammer
Und die Stunde schlägt.

Gesang der Barmherzigen Brüder

Rasch tritt der Tod den Menschen an,
Es ist ihm keine Frist gegeben,
Es stürzt ihn mitten in der Bahn,
Es reißt ihn fort vom vollen Leben.
Bereitet oder nicht, zu gehen,
Er muß vor seinen Richter stehen.

HUGO VON HOFMANNSTHAL

Georg Büchner auf dem Totenbett hatte in seinen Delirien
abwechselnd revolutionäre Gesichte, dazwischen ließ er
mit feierlicher Stimme sich so vernehmen: »Wir haben nicht
zu viel, wir haben ihrer zu wenig, denn durch den Schmerz
gehen wir zu Gott ein. Wir sind Tod, Staub und Asche – wie
dürfen wir klagen?«

LUDWIG FEUERBACH

Der Tod enthüllt den Grund der Welt,
Der Tod nur die Natur erhellt.
Das Sein wird erst im Tode klar,
Drum ist das Sein im Tode gar.

Was einer ist, was einer war,
Beim Scheiden wird es offenbar.
Wir hörens nicht, wenn Gottes Weise summt,
Wir schaudern erst, wenn sie verstummt.

NELLY SACHS
Wer ruft?

Die eigene Stimme!
Wer antwortet?
Tod!
Geht die Freundschaft unter
im Heerlager des Schlafes?
Ja!
Warum kräht kein Hahn?
Er wartet bis der Rosmarinkuß
auf dem Wasser schwimmt!

Was ist das?

Der Augenblick Verlassenheit
aus dem die Zeit fortfiel
getötet von Ewigkeit!

Was ist das?

Schlaf und Sterben sind eigenschaftslos

Der Tod ist groß.
Wir sind die Seinen
lachenden Munds.
Wenn wir uns mitten im Leben meinen,
wagt er zu weinen
mitten in uns.

BERTOLT BRECHT
Über den Tod

Me-ti bewunderte die Art, wie unser Freund An-tse gestorben war. Er hatte sterbend ein paar leichte Algebraaufgaben vorgenommen. Über ihrer Lösung starb er weg. »Er war entweder schon fertig mit dem Nachdenken über den Tod oder hatte wenigstens entschieden, daß die Frage nicht zu den lösbaren gehört«, sagte Me-ti, und als ich ihn fragte, ob es nicht eine seichte Art genannt werden könnte, antwortete er: »Wenn man über den Fluß muß, sucht man gern eine seichte Stelle.«

UNGENANNTER VERFASSER

Kurz vor seinem Tod ließ er seinen Angehörigen mitteilen:

Bitte keine Besuche mehr.

Ich kann Euch bei Euren Problemen mit meinem Tod nicht helfen.

Ich muß mich konzentrieren, denn schließlich will ich nicht einen einmaligen Moment in meinem Leben versäumen: meinen Tod.

Wir leben
von den Entfernungen.

Der Tod
kommt uns vor
so weit wie der höchste
Stern.

Ein Geschäftiges der Natur
setzt Maße in uns.

Die Erzählung
von dem, das war,
ist nur enthalten
im Zerfall.

Die Toten nämlich,
unfähig sind sie
der umständlichen
Fabel ihrer selbst.

Dabei
wäre das Grab
gerade der Ort
von Erzählen.

Der Erkennende
ist der Gräber,
die Erkenntnis das

Grab. Der
Gipfel der Ohnmacht
ist unten.

Geist zu sein
oder Staub, es ist
dasselbe im All.

Nichts ist, um
an den Rand zu reichen
der Leere.

Überhaupt
gibt es ihn nicht.
Was ist, ist

und ist aufgehoben
im wandlosen Gefäß
des Raums.

ILSE AICHINGER
Spiegelgeschichte

Wenn einer dein Bett aus dem Saal schiebt, wenn du siehst,
daß der Himmel grün wird, und wenn du dem Vikar die
Leichenrede ersparen willst, so ist es Zeit für dich, aufzu-
stehen, leise, wie Kinder aufstehen, wenn am Morgen Licht
durch die Läden schimmert, heimlich, daß es die Schwester
nicht sieht – und schnell!

Aber da hat er schon begonnen, der Vikar, da hörst du
seine Stimme, jung und eifrig und unaufhaltsam, da hörst
du ihn schon reden. Laß es geschehen! Laß seine guten
Worte untertauchen in dem blinden Regen. Dein Grab ist

offen. Laß seine schnelle Zuversicht erst hilflos werden, daß ihr geholfen wird. Wenn du ihn läßt, wird er am Ende nicht mehr wissen, ob er schon begonnen hat. Und weil er es nicht weiß, gibt er den Trägern das Zeichen. Und die Träger fragen nicht viel und holen deinen Sarg wieder herauf. Und sie nehmen den Kranz vom Deckel und geben ihn dem jungen Mann zurück, der mit gesenktem Kopf am Rand des Grabes steht. Der junge Mann nimmt seinen Kranz und streicht verlegen alle Bänder glatt, er hebt für einen Augenblick die Stirne, und da wirft ihm der Regen ein paar Tränen über die Wangen. Dann bewegt sich der Zug die Mauern entlang wieder zurück. Die Kerzen in der kleinen, häßlichen Kapelle werden noch einmal angezündet und der Vikar sagt die Totengebete, damit du leben kannst. Er schüttelt dem jungen Mann heftig die Hand und wünscht ihm vor Verlegenheit viel Glück. Es ist sein erstes Begräbnis, und er errötet bis zum Hals hinunter. Und ehe er sich verbessern kann, ist auch der junge Mann verschwunden. Was bleibt jetzt zu tun? Wenn einer einem Trauernden viel Glück gewünscht hat, bleibt ihm nichts übrig, als den Toten wieder heimzuschicken.

Gleich darauf fährt der Wagen mit deinem Sarg die lange Straße wieder hinauf. Links und rechts sind Häuser, und an allen Fenstern stehen gelbe Narzissen, wie sie ja auch in alle Kränze gewunden sind, dagegen ist nichts zu machen. Kinder pressen ihre Gesichter an die verschlossenen Scheiben, es regnet, aber eins davon wird trotzdem aus der Haustür laufen. Es hängt sich hinten an den Leichenwagen, wird abgeworfen und bleibt zurück. Das Kind legt beide Hände über die Augen und schaut euch böse nach. Wo soll denn eins sich aufschwingen, solang es auf der Friedhofsstraße wohnt? Dein Wagen wartet an der Kreuzung auf das grüne Licht. Es regnet schwächer. Die Tropfen tanzen auf dem Wagendach. Das Heu riecht aus der Ferne. Die Straßen sind frisch getauft, und der Himmel legt seine Hand auf alle

Dächer. Dein Wagen fährt aus reiner Höflichkeit ein Stück neben der Trambahn her. Zwei kleine Jungen am Straßenrand wetten um ihre Ehre. Aber der auf die Trambahn gesetzt hat, wird verlieren. Du hättest ihn warnen können, aber um dieser Ehre willen ist noch keiner aus dem Sarg gestiegen.

Sei geduldig. Es ist ja Frühsommer. Da reicht der Morgen noch lange in die Nacht hinein. Ihr kommt zurecht. Bevor es dunkel wird und alle Kinder von den Straßenrändern verschwunden sind, biegt auch der Wagen schon in den Spitalshof ein, ein Streifen Mond fällt zugleich in die Einfahrt. Gleich kommen die Männer und heben deinen Sarg vom Leichenwagen. Und der Leichenwagen fährt fröhlich nach Hause.

Sie tragen deinen Sarg durch die zweite Einfahrt über den Hof in die Leichenhalle. Dort wartet der leere Sockel schwarz und schief und erhöht, und sie setzen den Sarg darauf und öffnen ihn wieder, und einer von ihnen flucht, weil die Nägel zu fest eingeschlagen sind. Diese verdammte Gründlichkeit!

Gleich darauf kommt auch der junge Mann und bringt den Kranz zurück, es war schon hohe Zeit. Die Männer ordnen die Schleifen und legen ihn vorne hin, da kannst du ruhig sein, der Kranz liegt gut. Bis morgen sind die welken Blüten frisch und schließen sich zu Knospen. Die Nacht über bleibst du allein, das Kreuz zwischen den Händen, und auch den Tag über wirst du viel Ruhe haben. Du wirst es später lange nicht mehr fertigbringen, so still zu liegen.

Am nächsten Tag kommt der junge Mann wieder. Und weil der Regen ihm keine Tränen gibt, starrt er ins Leere und dreht die Mütze zwischen seinen Fingern. Erst bevor sie den Sarg wieder auf das Brett heben, schlägt er die Hände vor das Gesicht. Er weint. Du bleibst nicht länger in der Leichenhalle. Warum weint er? Der Sargdeckel liegt nur mehr lose, und es ist heller Morgen. Die Spatzen schreien fröhlich. Sie wissen nicht, daß es verboten ist, die Toten zu erwecken. Der junge Mann geht vor deinem Sarg her, als stünden Gläser zwischen seinen Schritten. Der Wind ist kühl und verspielt, ein unmündiges Kind.

Sie tragen dich ins Haus und die Stiegen hinauf. Du wirst aus dem Sarg gehoben. Dein Bett ist frisch gerichtet. Der junge Mann starrt durch das Fenster in den Hof hinunter, da paaren sich zwei Tauben und gurren laut, geekelt wendet er sich ab.

Und da haben sie dich schon in das Bett zurückgelegt. Und sie haben dir das Tuch wieder um den Mund gebunden, und das Tuch macht dich so fremd. Der Mann beginnt zu schreien und wirft sich über dich. Sie führen ihn sachte weg. »Bewahret Ruhe!« steht an allen Wänden, die Krankenhäuser sind zur Zeit überfüllt, die Toten dürfen nicht zu früh erwachen.

Vom Hafen heulen die Schiffe. Zur Abfahrt oder zur Ankunft? Wer soll das wissen? Still! Bewahret Ruhe! Erweckt die Toten nicht, bevor es Zeit ist, die Toten haben einen leisen Schlaf. Doch die Schiffe heulen weiter. Und ein wenig später werden sie dir das Tuch vom Kopf nehmen müssen, ob sie es wollen oder nicht. Und sie werden dich waschen und deine Hemden wechseln, und einer von ihnen wird sich schnell über dein Herz beugen, schnell, solang du noch tot bist. Es ist nicht mehr viel Zeit, und daran sind die Schiffe schuld. Der Morgen wird schon dunkler. Sie öffnen deine Augen und die funkeln weiß. Sie sagen jetzt auch nichts mehr davon, daß du friedlich aussiehst, dem Himmel sei Dank dafür, es erstirbt ihnen im Mund. Warte noch! Gleich sind sie gegangen. Keiner will Zeuge sein, denn dafür wird man heute noch verbrannt.

Sie lassen dich allein. So allein lassen sie dich, daß du die Augen aufschlägst und den grünen Himmel siehst, so allein lassen sie dich, daß du zu atmen beginnst, schwer und röchelnd und tief, rasselnd wie eine Ankerkette, wenn sie sich löst. Du bäumst dich auf und schreist nach deiner Mutter. Wie grün der Himmel ist!

»Die Fieberträume lassen nach«, sagt eine Stimme hinter dir, »der Todeskampf beginnt!«

Ach die! Was wissen die?

Geh jetzt! Jetzt ist der Augenblick! Alle sind weggerufen. Geh, eh sie wiederkommen und eh ihr Flüstern wieder laut wird, geh die Stiegen hinunter, an dem Pförtner vorbei, durch den Morgen, der Nacht wird. Die Vögel schreien in der Finsternis, als hätten deine Schmerzen zu jubeln begonnen. Geh nach Hause. Und leg dich in dein eigenes Bett zurück, auch wenn es in den Fugen kracht und noch zerwühlt ist. Da wirst du schneller gesund! Da tobst du nur drei Tage lang gegen dich und trinkst dich satt am grünen Himmel, da stößt du nur drei Tage lang die Suppe weg, die dir die Frau von oben bringt, am vierten nimmst du sie.

Und am siebenten, der der Tag der Ruhe ist, am siebenten gehst du weg. Die Schmerzen jagen dich, den Weg wirst du ja finden. Erst links, dann rechts und wieder links, quer durch die Hafengassen, die so elend sind, daß sie nicht anders können, als zum Meer zu führen. Wenn nur der junge Mann in deiner Nähe wäre, aber der junge Mann ist nicht bei dir, im Sarg warst du viel schöner. Doch jetzt ist dein Gesicht verzerrt von Schmerzen, die Schmerzen haben zu jubeln aufgehört. Und jetzt steht auch der Schweiß wieder auf deiner Stirne, den ganzen Weg lang, nein, im Sarg, da warst du schöner!

Die Kinder spielen mit den Kugeln am Weg. Du läufst in sie hinein, du läufst, als liefst du mit dem Rücken nach vorn, und keines ist dein Kind. Wie soll denn auch eines davon dein Kind sein, wenn du zur Alten gehst, die bei der Kneipe wohnt? Das weiß der ganze Hafen, wovon die Alte ihren Schnaps bezahlt.

Sie steht schon an der Tür. Die Tür ist offen, und sie streckt dir ihre Hand entgegen, die ist schmutzig. Alles ist dort schmutzig. Am Kamin stehen die gelben Blumen, und das sind dieselben, die sie in die Kränze winden, das sind schon wieder dieselben. Und die Alte ist viel zu freundlich. Und die Treppen knarren auch hier. Und die Schiffe heulen, wohin du immer gehst, die heulen überall. Und die Schmerzen schütteln dich, aber du darfst nicht schreien. Die Schiffe dürfen heulen, aber du darfst nicht schreien. Gib der Alten das Geld für den Schnaps! Wenn du ihr erst das Geld gegeben hast, hält sie dir deinen Mund mit beiden Händen zu. Die ist ganz nüchtern von dem vielen Schnaps, die Alte. Die träumt nicht von den Ungeborenen. Die unschuldigen Kinder wagen's nicht, sie bei den Heiligen zu verklagen, und die schuldigen wagen's auch nicht. Aber du – du wagst es!

»Mach mir mein Kind wieder lebendig!«

Das hat noch keine von der Alten verlangt. Aber du verlangst es. Der Spiegel gibt dir Kraft. Der blinde Spiegel mit den Fliegenflecken läßt dich verlangen, was noch keine verlangt hat.

»Mach es lebendig, sonst stoß ich deine gelben Blumen um, sonst kratz ich dir die Augen aus, sonst reiß ich deine Fenster auf und schrei über die Gasse, damit sie hören müssen, was sie wissen, ich schrei – –«

Und da erschrickt die Alte. Und in dem großen Schrekken, in dem blinden Spiegel erfüllt sie deine Bitte. Sie weiß nicht, was sie tut, doch in dem blinden Spiegel gelingt es ihr. Die Angst wird furchtbar, und die Schmerzen beginnen endlich wieder zu jubeln. Und eh du schreist, weißt du das Wiegenlied: Schlaf, Kindlein, schlaf! Und eh du schreist, stürzt dich der Spiegel die finsteren Treppen wieder hinab und läßt dich gehen, laufen läßt er dich. Lauf nicht zu schnell!

Heb lieber deinen Blick vom Boden auf, sonst könnt es sein, daß du da drunten an den Planken um den leeren Bauplatz in einen Mann hineinläufst, in einen jungen Mann, der seine Mütze dreht. Daran erkennst du ihn. Das ist derselbe, der zuletzt an deinem Sarg die Mütze gedreht hat, da ist er schon wieder! Da steht er, als wäre er nie weggewesen, da lehnt er an den Planken. Du fällst in seine Arme. Er hat schon wieder keine Tränen, gib ihm von den deinen. Und nimm Abschied, eh du dich an seinen Arm hängst. Nimm von ihm Abschied! Du wirst es nicht vergessen, wenn er es auch vergißt: Am Anfang nimmt man Abschied. Ehe man miteinander weitergeht, muß man sich an den Planken um den leeren Bauplatz für immer trennen.

Dann geht ihr weiter. Es gibt da einen Weg, der an den Kohlenlagern vorbei zur See führt. Ihr schweigt. Du wartest auf das erste Wort, du läßt es ihm, damit dir nicht das letzte bleibt. Was wird er sagen? Schnell, eh ihr an der See seid, die unvorsichtig macht! Was sagt er? Was ist das erste Wort? Kann es denn so schwer sein, daß es ihn stammeln läßt, daß es ihn zwingt, den Blick zu senken? Oder sind es die Kohlenberge, die über die Planken ragen und ihm Schatten unter die Augen werfen und ihn mit ihrer Schwärze blenden? Das erste Wort – jetzt hat er es gesagt: es ist der Name einer Gasse. So heißt die Gasse, in der die Alte wohnt. Kann denn das sein? Bevor er weiß, daß du das Kind erwartest, nennt er dir schon die Alte, bevor er sagt, daß er dich liebt, nennt er die Alte. Sei ruhig! Er weiß nicht, daß du bei der Alten schon gewesen bist, er kann es auch nicht wissen, er weiß nichts von dem Spiegel. Aber kaum hat er's gesagt, hat er es auch vergessen. Im Spiegel sagt man alles, daß es vergessen sei. Und kaum hast du gesagt, daß du das Kind erwartest, hast du es auch verschwiegen. Der Spiegel spiegelt alles. Die Kohlenberge weichen hinter euch zurück, da seid ihr an der See und seht die weißen Boote wie Fragen an der Grenze eures Blicks, seid still, die See nimmt euch die Antwort aus dem Mund, die See verschlingt, was ihr noch sagen wolltet.

Von da ab geht ihr viele Male den Strand hinauf, als ob

ihr ihn hinabgingt, nach Hause, als ob ihr wegließt, und weg, als gingt ihr heim.

Was flüstern die in ihren hellen Hauben? »Das ist der Todeskampf!« Die laßt nur reden.

Eines Tages wird der Himmel blaß genug sein, so blaß, daß seine Blässe glänzen wird. Gibt es denn einen anderen Glanz als den der letzten Blässe?

An diesem Tag spiegelt der blinde Spiegel das verdammte Haus. Verdammt nennen die Leute ein Haus, das abgerissen wird, verdammt nennen sie das, sie wissen es nicht besser. Es soll euch nicht erschrecken. Der Himmel ist jetzt blaß genug. Und wie der Himmel in der Blässe erwartet auch das Haus am Ende der Verdammung die Seligkeit. Vom vielen Lachen kommen leicht die Tränen. Du hast genug geweint. Nimm deinen Kranz zurück. Jetzt wirst du auch die Zöpfe bald wieder lösen dürfen. Alles ist im Spiegel. Und hinter allem, was ihr tut, liegt grün die See. Wenn ihr das Haus verlaßt, liegt sie vor euch. Wenn ihr durch die eingesunkenen Fenster wieder aussteigt, habt ihr vergessen. Im Spiegel tut man alles, daß es vergeben sei.

Von da ab drängt er dich, mit ihm hineinzugehen. Aber in dem Eifer entfernt ihr euch davon und biegt vom Strand ab. Ihr wendet euch nicht um. Und das verdammte Haus bleibt hinter euch zurück. Ihr geht den Fluß hinauf, und euer eigenes Fieber fließt euch entgegen, es fließt an euch vorbei. Gleich läßt sein Drängen nach. Und in demselben Augenblick bist du nicht mehr bereit, ihr werdet scheuer. Das ist die Ebbe, die die See von allen Küsten wegzieht. Sogar die Flüsse sinken zur Zeit der Ebbe. Und drüben auf der anderen Seite lösen die Wipfel endlich die Krone ab. Weiße Schindeldächer schlafen darunter.

Gib acht, jetzt beginnt er bald von der Zukunft zu reden, von den vielen Kindern und vom langen Leben, und seine Wangen brennen vor Eifer. Sie zünden auch die deinen an. Ihr werdet streiten, ob ihr Söhne oder Töchter wollt, und du willst lieber Söhne. Und er wollte sein Dach lieber mit Ziegeln decken, und du willst lieber – – aber da seid ihr den Fluß schon viel zu weit hinauf gegangen. Der Schrecken packt euch. Die Schindeldächer auf der anderen Seite sind verschwunden, da drüben sind nur mehr Auen und feuchte Wiesen. Und hier? Gebt auf den Weg acht. Es dämmert – so nüchtern, wie es nur am Morgen dämmert. Die Zukunft ist vorbei. Die Zukunft ist ein Weg am Fluß, der in die Auen mündet. Geht zurück!

Was soll jetzt werden?

Drei Tage später wagt er nicht mehr, den Arm um deine Schultern zu legen. Wieder drei Tage später fragt er dich, wie du heißt, und du fragst ihn. Nun wißt ihr voneinander nicht einmal mehr die Namen. Und ihr fragt auch nicht mehr. Es ist schöner so. Seid ihr nicht zum Geheimnis geworden?

Jetzt geht ihr endlich wieder schweigsam nebeneinander her. Wenn er dich jetzt noch etwas fragt, so fragt er, ob es regnen wird. Wer kann das wissen? Ihr werdet immer fremder. Von der Zukunft habt ihr schon lange zu reden aufgehört. Ihr seht euch nur mehr selten, aber noch immer seid ihr einander nicht fremd genug. Wartet, seid geduldig. Eines Tages wird es so weit sein. Eines Tages ist er dir so fremd, daß du ihn auf einer finsteren Gasse vor einem offenen Tor zu lieben beginnst. Alles will seine Zeit. Jetzt ist sie da.

»Es dauert nicht mehr lang«, sagen die hinter dir, »es geht zu Ende!«

Was wissen die? Beginnt nicht jetzt erst alles?

Ein Tag wird kommen, da siehst du ihn zum erstenmal. Und er sieht dich. Zum erstenmal, das heißt: Nie wieder. Aber erschreckt nicht! Ihr müßt nicht voneinander Abschied nehmen, das habt ihr längst getan. Wie gut es ist, daß ihr es schon getan habt!

Es wird ein Herbsttag sein, voller Erwartung darauf, daß alle Früchte wieder Blüten werden, wie er schon ist, der Herbst, mit diesem hellen Rauch und mit den Schatten, die wie Splitter zwischen den Schritten liegen, daß du die Füße daran zerschneiden könntest, daß du darüberfällst, wenn du um Äpfel auf den Markt geschickt bist, du fällst vor Hoffnung und vor Fröhlichkeit. Ein junger Mann kommt dir zu Hilfe. Er hat die Jacke nur lose umgeworfen und lächelt und dreht die Mütze und weiß kein Wort zu sagen. Aber ihr seid sehr fröhlich in diesem letzten Licht. Du dankst ihm und wirfst ein wenig den Kopf zurück, und da lösen sich die aufgesteckten Zöpfe und fallen herab. »Ach«, sagt er, »gehst du nicht noch zur Schule?« Er dreht sich um und geht und pfeift ein Lied. So trennt ihr euch, ohne einander nur noch einmal anzuschauen, ganz ohne Schmerz und ohne es zu wissen, daß ihr euch trennt.

Jetzt darfst du wieder mit den kleinen Brüdern spielen, und du darfst mit ihnen den Fluß entlang gehen, den Weg am Fluß unter den Erlen, und drüben sind die weißen Schindeldächer wie immer zwischen den Wipfeln. Was bringt die Zukunft? Keine Söhne. Brüder hat sie dir gebracht, Zöpfe, um sie tanzen zu lassen, Bälle, um zu fliegen. Sei ihr nicht böse, es ist das Beste, was sie hat. Die Schule kann beginnen.

Noch bist du ein wenig zu groß, noch mußt du auf dem Schulhof während der großen Pause in Reihen gehen und flüstern und erröten und durch die Finger lachen. Aber warte noch ein Jahr, und du darfst wieder über die Schnüre springen und nach den Zweigen haschen, die über die Mauern hängen. Die fremden Sprachen hast du schon gelernt, doch so leicht bleibt es nicht. Deine eigene Sprache ist viel schwerer. Noch schwerer wird es sein, lesen und schreiben zu lernen, doch am schwersten ist es, alles zu vergessen. Und wenn du bei der ersten Prüfung alles wissen mußtest, so darfst du doch am Ende nichts mehr wissen. Wirst du das bestehen? Wirst du still genug sein? Wenn du genug Furcht hast, um den Mund nicht aufzutun, wird alles gut.

Du hängst den blauen Hut, den alle Schulkinder tragen,

wieder an den Nagel und verläßt die Schule. Es ist wieder Herbst. Die Blüten sind lange schon zu Knospen geworden, die Knospen zu nichts und nichts wieder zu Früchten. Überall gehen kleine Kinder nach Hause, die ihre Prüfung bestanden haben, wie du. Ihr alle wißt nichts mehr. Du gehst nach Hause, dein Vater erwartet dich, und die kleinen Brüder schreien so laut sie können und zerren an deinem Haar. Du bringst sie zur Ruhe und tröstest deinen Vater. Bald kommt der Sommer mit den langen Tagen. Bald stirbt deine Mutter. Du und dein Vater, ihr beide holt sie vom Friedhof ab. Drei Tage liegt sie noch zwischen den knisternden Kerzen, wie damals du. Blast alle Kerzen aus, eh sie erwacht! Aber sie riecht das Wachs und hebt sich auf die Arme und klagt leise über die Verschwendung. Dann steht sie auf und wechselt ihre Kleider.

Es ist gut, daß deine Mutter gestorben ist, denn länger hättest du es mit den kleinen Brüdern allein nicht machen können. Doch jetzt ist sie da. Jetzt besorgt sie alles und lehrt dich auch das Spielen noch viel besser, man kann es nie genug gut können. Es ist keine leichte Kunst. Aber das Schwerste ist es noch immer nicht.

Das Schwerste bleibt es doch, das Sprechen zu vergessen und das Gehen zu verlernen, hilflos zu stammeln und auf dem Boden zu kriechen, um zuletzt in Windeln gewikkelt zu werden. Das Schwerste bleibt es, alle Zärtlichkeiten zu ertragen und nur mehr zu schauen. Sei geduldig! Bald ist alles gut. Gott weiß den Tag, an dem du schwach genug bist.

Es ist der Tag deiner Geburt. Du kommst zur Welt und schlägst die Augen auf und schließt sie wieder vor dem starken Licht. Das Licht wärmt dir die Glieder, du regst dich in der Sonne, du bist da, du lebst. Dein Vater beugt sich über dich.

»Es ist zu Ende –«, sagen die hinter dir, »sie ist tot!«
Still! Laß sie reden!

Nicht mehr brüllt, nicht mehr flüstert das Meer,
das Meer.

Ohne die Träume, ein unfarben Feld ist das Meer,
das Meer.

Es macht Erbarmen auch das Meer,
das Meer.

Es bewegen achtlose Wolken das Meer,
das Meer.

Traurigem Rauch überläßt sein Bett jetzt das Meer,
das Meer.

Gestorben ist auch, sieh nur, das Meer,
das Meer.

»Du bist gegangen – ach –«

TODESERFAHRUNG

Wolfenbüttel, den 31. Dez. 1777

Mein lieber Eschenburg,

ich ergreife den Augenblick, da meine Frau ganz ohne Besonnenheit liegt, um Ihnen für Ihren gütigen Anteil zu danken. Meine Freude war nur kurz: Und ich verlor ihn so ungern, diesen Sohn! denn er hatte so viel Verstand! so viel Verstand! – Glauben Sie nicht, daß die wenigen Stunden meiner Vaterschaft mich schon so zu einem Affen von Vater gemacht haben! Ich weiß, was ich sage. – War es nicht Verstand, daß man ihn mit eisernen Zangen auf die Welt ziehen mußte? daß er so bald Unrat merkte? – War es nicht Verstand, daß er die erste Gelegenheit ergriff, sich wieder davonzumachen? – Freilich zerrt mir der kleine Ruschelkopf auch die Mutter mit fort! – Denn noch ist wenig Hoffnung, daß ich sie behalten werde. – Ich wollte es auch einmal so gut haben wie andere Menschen! Aber es ist mir schlecht bekommen.

Lessing

Wolfenbüttel, den 10. Jenner 1778

Lieber Eschenburg,

meine Frau ist tot: und diese Erfahrung habe ich nun auch gemacht. Ich freue mich, daß mir viel dergleichen Erfahrungen nicht mehr übrig sein können zu machen; und bin ganz leicht. – Auch tut es mir wohl, daß ich mich Ihres und unsrer übrigen Freunde in Braunschweig Beileids versichert halten darf.

Der Ihrige
Lessing

Er war kein Mohr, sondern hieß Mohr, Hermann Mohr, und sein Vater, der, glaube ich, Schlosser war, wohnte an der Ecke der Badgasse in einem räucherigen, alten, steiltreppigen Hause. Er war mehrere Jahre jünger als ich, ein feines, schmales Kind und, ebenso wie seine älteren Brüder, ein reger, begabter Kopf. In der Schule genoß er wie auch die wenigen andern gescheiten Geister viel neidische Bewunderung, denn unser schönes, gewerbefleißiges Nagoldtal ist und war im Hervorbringen von Talenten äußerst sparsam, ja geizig. Der kleine Mohr ragte namentlich als Zeichner hervor, freilich nicht in der Schule, deren uraltmodischer Betrieb nur den höheren Klassen den Luxus eines kümmerlichen Zeichenunterrichts gestattete. »Der Mohrle« zeichnete an freien Nachmittagen vor seines Vaters Werkstätte im Freien oder in der hellen Eckstube des ersten Stocks, meistens heroische und phantastische Gegenstände, unter welchen ich mich besonders der kühnen Gestalt einer gewappneten Germania und einer malerisch wilden Waldruine erinnere.

Mein Stolz verbot mir, mit dem so viel jüngeren Kleinen viel zu verkehren, dennoch liebte ich ihn und sah ihn gern mit Bewunderung von ferne an, wenn er so schmächtig und gebückt vor dem Hause saß und an einer Zeichnung strichelte oder irgendeine seiner erfinderischen Arbeiten auf den Knien liegen hatte, das Rad einer kleinen Mühle, den Rumpf eines Rindenschiffs oder die Teile einer Schlüsselbüchse. Er war meist zu Hause und meist allein. Während die andern in Haufen durch die Straßen sprangen, spielten, lachten und Schabernack trieben, führte der stille junge Künstler lächelnd Griffel, Hammer und Messer, zufrieden, fleißig und nachdenklich wie ein Meister. Zuweilen mochten seine Gedanken in die Zukunft gehen, vielleicht war der kleine Knabe schon der schwärmerischen Wonne teilhaftig, welche in jungen Zeiten dem Künstler seine noch unerprobten Kräfte schenken, jenes unsäglich süßen Schwelgens in unmöglichen Bildern einer rosenroten Zukunft. Ich selbst sah in ihm immer den zukünftigen großen Künstler oder Baumeister, während er zufrieden und träumerisch in der Sonne unsres weltfernen Tals vor dem ärmlichen Hauswesen seines Vaters zeichnend saß. Ich fühlte, daß dieser Knabe das Geheimnis einer fremden Welt besaß und aus dem Schatz eines besonders veranlagten inneren Lebens zu schöpfen hatte.

Der kleine Mohr umgab sich aber bald mit einem noch tieferen Geheimnis und entrückte sich unsrem Verständnis und Umgang noch völliger. Wir sollten von ihm nicht die Enttäuschungen und unzähligen Leiden und Kümmernisse des arm geborenen Talents erleben. Sondern eines Tags fehlte er in der Schule, anderntags fehlten auch seine Brüder, und am dritten Tag hörte ich, daß er gestorben sei.

Dann fragte mich einer seiner Brüder, ob ich ihn sehen wolle. Ich erschrak, denn ich hatte noch keinen Toten gesehen. Aber ich schämte mich und hielt es für unfreundlich, nicht zu kommen. So ging ich denn mit, das kleine Herz voll Grauen. Je mehr wir uns dem Schlosserhause näherten, desto ängstlicher und langsamer wurde mein Schritt, und auf der steilen, schmalen Stiege ging mir fast der Atem aus. Wir traten leise in die Stube, wo die kleine Leiche aufgebettet lag.

So stand ich nun zum erstenmal im Leben vor einem Toten. Das schmächtige Körperchen sah unscheinbar und dürftig aus, dagegen lag auf dem weißen, klugen Gesicht die ganze grausame Größe des Todes. Die feinen, alabasternen Schläfen, bläulich unterlaufen, und die Höhe der Wangen hatten einen fremden, kühl metallenen Schimmer, und die Hände sahen so fremd und trostlos schwer aus, daß ich innerlich vor Grausen zitterte. Zugleich sah ich auf einem nahen Tisch einige Zeichnungen liegen, deren Striche diese selben Hände noch in den letzten Tagen gezogen hatten. Ich konnte diese Blätter nicht anfassen, welche die unheimliche Macht aus des Knaben Händen genommen hatte. Auch konnten meine knabenhaften Gedanken nicht die Rechnung ziehen, wie vielen Leiden und Entbehrungen dies Leben entnommen war. Ich sah nur den unbegreiflichen, harten Schnitt, der ein junges und lebenswertes Dasein zerstört hatte, und empfand die Zerstörung als etwas Böses, Schauerliches und aufregend Grausames. Ein kleiner Knabe hat noch keinen Blick in die Rechnung des Schicksals getan, in die Rätsel des Gleichgewichts, der Möglichkeiten und Ausgleichungen; noch weniger kann er sich den Tod als Erlöser denken. So erfüllte mich der Anblick meines toten Freundes mit einer bitteren, fast gehässigen Traurigkeit und einem verzweifelnden Staunen vor der unbegreiflichen Macht und Grausamkeit des Schicksals.

Immerhin war ich nun einmal Zuschauer dieses Schicksals gewesen und hatte ein Wesen mit Augen gesehen, dessen Ring geschlossen und dessen Leben der Form enthoben war, und ich ging nicht von jenem Totenbettlein, ohne von dem Anblick tief und unvergeßlich berührt zu sein. Unmerklich fiel an diesem Tage ein Stück Kindheit von mir ab und flog eine frühe trübe Wolke mir über den kristallenen Himmel des Lebens, der sich nie wieder so rein und selig über uns wölbt wie damals, da wir noch Kinder waren.

Sterben, sagte Marianne, ist furchtbar.

Ich war neun Jahre alt, da schreckte uns mitten in der Nacht das Telefon auf. Vater ging hinunter, und als er zurückkam, zu Mutter ins Zimmer trat, wußte ich: Großvater ist gestorben. Sechzehn war ich, als Großmutter ihm folgte.

Seit drei Jahren konnte sie das Haus nicht mehr verlassen. Immer mehr näherte sich damals ihre gekrümmte Gestalt dem Erdboden und damit ihm. Sie saß im Sessel. Da kam ein Schatten. In ihrem Gesicht schlug er sich nieder. Er huschte vom Kinn gelb über die Nase. Als er ihren Haaransatz über der bleichen Stirn erreichte, starb sie.

Der Schatten wich.

Immer lautlos kommt er. Ein Hauch, der verweht, wenn er in die Haare gelangt, sich selbst verlebt, sobald es vorbei ist. Meine Mutter flüsterte, als er in ihr Zimmer kam, der Wand nachschlich und zuerst ihre Hände überhuschte: Nun atme ich nur noch aus. Er stand schon in ihrem Gesicht, und mit einem Lächeln spielte sie ihn sich selbst ins graue Haar. Er konnte gehen. Diese Geschichten, meinte Marianne, schmerzen.

Aber man muß auch sie erzählen.

Du kannst die Fenster schließen. Du kannst das Licht ausmachen. Aber lautlos wird er kommen.

Sie soll dich nicht erschrecken, auch wenn sie traurig ist, diese Schattengeschichte.

Abschied

Ich ließ die Türe offen.
Langsam ging ich die Stufen.
Ich dachte: vielleicht, daß du riefest –
Aber du hast nicht gerufen.

Ach, das ist der Regen
Auf meinem Gesicht.
Ich bin von dir gegangen.
Du fühltest es nicht.

Du bist gegangen – ach –
Und ich hatte so viel noch zu fragen.
Du hattest Antwort – ach –
Und hast sie von hinnen getragen.

Nun sitze ich, arm, allein,
Mit meiner dunkelen Seele,
Und wandle zu Klang den Stein
Und hauche mein Herz durch die Kehle.

BARBARA BARTOS-HÖPPNER
Meine Schwester

Wir waren sechs Geschwister, vier Brüder und zwei Schwestern. So viele Kinder füllen ein Haus bis zum Platzen,
sollte man meinen. Bei uns war es ganz anders. Als ich
geboren wurde, war mein ältester Bruder zwanzig Jahre,
mein jüngster Bruder zehn. Bevor ich bewusst am Leben
teilnahm, waren sie schon aus dem Haus gegangen oder
schickten sich an, es zu tun.

So kam es, dass ich allein mit meiner Schwester aufwuchs. Auch sie war älter als ich, fünf Jahre. Sie hieß Ursula, wurde Ulla gerufen und war das fröhlichste, glücklichste und lebhafteste Kind, das sich denken lässt. Es war ihr unmöglich, lange still zu sitzen oder sich mit einer Handarbeit zu beschäftigen, die für längere Zeit Ruhe und Ausdauer nötig machte. Spielzeug blieb nie lange ganz, ihre Kleider blieben es auch nicht. Was bedeutete schon ein Kleid, wenn sie beweisen wollte, dass sie genauso schnell auf die Mauer klettern konnte wie die Jungen. Sie ritt, schwamm, lief Ski, wagte alles und traute sich mehr zu als alle ihre Altersgenossinnen.

Wir beide waren sehr verschieden voneinander, lagen fast ständig in Fehde und konnten niemals ohne einander sein. So sehr sie es oft verwünschte, mich, die Kleine, immer und überall mit hinschleppen zu müssen, so sehnsüchtige Briefe schrieb sie an mich, wenn ich allein in die Ferien fuhr. Ich kannte alle ihre kleinen Geheimnisse. Als sie das erste Mal mit ihren Freundinnen rauchte, war ich dabei, als sie ihr erstes Rendezvous vereinbarte, musste ich Nachrichten übermitteln. War ihr irgendein Missgeschick passiert, vertraute sie es mir an, und ich stand mit ihr die tausend Ängste aus, wenn es ans Tageslicht zu kommen drohte.

Als ich das erste Jahr zur Schule ging, mühte sie sich bereits mit französischen Vokabeln ab. Sie redete mir ein, es ginge viel schneller, wenn ich sie mit ihr lernen würde, und so saßen wir gemeinsam darüber. Sobald ich mich an sie erinnere, ist mir das Wirbeln gegenwärtig, das sie um sich verbreitete.

Als meine Schwester dreizehn Jahre geworden war, änderte sich das alles. Nicht von einem Tag auf den anderen, es ging fast unmerklich vor sich. Sie kam oft abgespannt von der Schule nach Hause, blieb am Nachmittag daheim. Und eines Tages, als wir auf einem Spaziergang waren, fiel meiner Mutter auf, wie sehr sie die Schultern hängen ließ.

Da sie für ihr Alter sehr groß war, mahnte meine Mutter sie zu einer besseren Haltung, aber meine Schwester sagte: »Ich bin doch so müde.« Und sie war auch sehr blass.

Am anderen Tage meldete sich meine Mutter mit ihr beim Arzt an. Sie gingen hin, sie kamen zurück. Am Nachmittag erschien der Doktor. Niemand wusste, dass ich nebenan im Zimmer war; ich hörte mit an, wie er meinen fassungslosen Eltern beizubringen versuchte, dass meine Schwester nie mehr gesund werden würde. Sie habe eine Herzkrankheit und ihr Leben könne in jeder Stunde zu Ende gehen. Ich weiß heute nicht mehr, ob ich gesessen oder herumgestanden und womit ich mich beschäftigt hatte. Ich erinnere mich nur einer Dunkelheit um mich her. Vielleicht habe ich mir die Hände vor das Gesicht gehalten oder die Augen zugemacht. Ich hatte die Gewalt des Todes ja noch nicht erlebt und nun war sie auf einmal über mich gekommen, furchtbar und unausweichlich: Meine Schwester musste sterben! So wusste ich es von diesem Tage an auch, aber niemand ahnte, dass ich es wusste. Meine Mutter sagte mir nur, meine Schwester sei sehr krank und ich müsse jetzt vernünftig sein und mich darauf einstellen sie zu pflegen, ich sei ja schon ein großes Mädchen.

Durch viele Monate hindurch wurde ich nun ihr Bewacher, denn meine Mutter mußte im Geschäft arbeiten. Sobald die Schule aus war, setzte ich mich neben ihr Bett. Der Arzt hatte ihr gesagt, dass sie jede Bewegung ganz langsam, ganz bedächtig machen müsse. Darauf hatte ich aufzupassen. Ich musste sie stützen und ihr helfen sich aufzurichten oder Hilfe herbeiholen. Ich musste darauf achten, dass sie ihre Medizin einnahm und alles aß und trank, was die Mutter ihr brachte. Die Eltern und der Arzt hatten den aussichtslosen Kampf mit der Gewalt des Todes aufgenommen.

Jeder Wunsch wurde meiner Schwester erfüllt. Es war ja wenig genug, was ihr zu wünschen übrig blieb. Ich war da, um alles herbeizuschaffen. Oft schickte sie mich unter einem Vorwand hinaus, um einmal aus dem Bett zu springen und mir aus dem Fenster zuzuwinken. Es hätte ihr Ende sein können, das wusste ich, und ich rannte verzweifelt zur Mutter. Manchmal, wenn ich allein bei ihr war, sprach sie davon, was sie alles anstellen und unternehmen würde, sobald sie wieder gesund wäre. Ich schmiedete alle ihre Pläne mit, ich spann sie noch viel weiter aus und vergaß, was wirklich war. Ich wünschte ja so sehr, dass sie gesund würde, sie fehlte mir doch überall. Andere hatten zu ihrem Schutz einen Bruder, ich hatte meine große Schwester gehabt. Manchmal weinten wir zusammen, wenn wir die Kinder draußen herumtoben hörten. Es war Sommer und warm, und sie musste liegen und sollte sich nicht rühren. Der Vater hob sie oft aus dem Bett und trug sie in einen bequemen Lehnstuhl ans Fenster, damit sie ein wenig am Leben teilhaben konnte, von dem sie plötzlich ausgeschlossen war.

Während des Sommers war eine spürbare Besserung in ihrem Zustand eingetreten. Der Arzt, der täglich zweimal kam, gestattete es, dass sie angezogen und in den Garten getragen wurde. Wir waren alle voller Zuversicht. Aber dann kam der Herbst und mit ihm ihr langsames Sterben. Ich weiß noch heute genau, wie sehr ich mich oft fürchtete die Zimmertür zu öffnen und zu ihrem Bett zu gehen, in dem sie blass und still und mit geschlossenen Augen lag. Wenn ich mich wieder umwenden wollte, schlug sie die Augen auf und sagte: »Bleib hier.«

Stundenlang saß ich an ihrem Bett, ohne dass wir miteinander sprachen. Ich hielt ihr den Kopf, wenn sie trinken wollte, ich hielt ihre fiebrigen, unruhigen Hände, ich tauchte die Tücher in Eiswasser und legte sie auf ihre heiße Stirn. Einmal, als wir lange Zeit still gewesen waren, fragte sie mich plötzlich: »Ob ich wieder gesund werde?« Ich log wie alle, die zu ihr kamen. Zu ihrem Leiden musste ich das

Leid der Mutter mit ansehen. Der Vater fraß es in sich hinein, der Mutter fehlte immer öfter die Kraft dazu, und wenn ich die Arme um ihren Hals legte, wurde es nur noch schlimmer.

Meine Schwester starb vierzehn Tage nach meinem neunten Geburtstag. Sie wusste, dass sie sterben würde, und hat es meiner Mutter, die als einzige bei ihr war, auch gesagt. Sie war zu Frühlingsanfang geboren worden und ihr rosa Taufkleid soll mit Veilchen besteckt gewesen sein. Sie wurde in einem duftigen, weißen Kleid in den Sarg gelegt, vor lauter Blumen war nur noch ihr Gesicht zu sehen. Was es für Blumen waren, daran erinnere ich mich nicht mehr, aber ihr Gesicht sehe ich heute noch vor mir. – Ob ich von dem Tag an kein Kind mehr war, als ich ungewollt mit anhörte, was der Arzt meinen Eltern sagte, oder ob es erst in den sechs Monaten dazu kam, in denen ich ihr Sterben miterlebte, oder an dem Tag, als ich sie tot vor mir sah, das weiß ich nicht. Aber gewiss ist, dass meine Kindheit durch ihren Tod gewaltsam zu Ende ging.

MATTHIAS CLAUDIUS
Der Tod und das Mädchen

DAS MÄDCHEN
Vorüber! Ach, vorüber!
Geh, wilder Knochenmann!
Ich bin noch jung, geh Lieber!
Und rühre mich nicht an.

DER TOD
Gib deine Hand, du schön und zart Gebild!
Bin Freund, und komme nicht, zu strafen.
Sei gutes Muts! ich bin nicht wild,
Sollst sanft in meinen Armen schlafen!

Am 3. Hornung hörte er, ein Kind in Fouday sei gestorben, das Friederike hieß. Er faßte es auf wie eine fixe Idee. Er zog sich in sein Zimmer und fastete einen Tag. Am 4. trat er plötzlich ins Zimmer zu Madame Oberlin; er hatte sich das Gesicht mit Asche beschmiert und forderte einen alten Sack. Sie erschrak; man gab ihm, was er verlangte. Er wickelte den Sack um sich, wie ein Büßender, und schlug den Weg nach Fouday ein. Die Leute im Tale waren ihn schon gewohnt; man erzählte sich allerlei Seltsames von ihm. Er kam ins Haus, wo das Kind lag. Die Leute gingen gleichgültig ihrem Geschäfte nach; man wies ihm eine Kammer, das Kind lag im Hemde auf Stroh, auf einem Holztisch.

Lenz schauderte, wie er die kalten Glieder berührte und die halbgeöffneten gläsernen Augen sah. Das Kind kam ihm so verlassen vor, und er sich so allein und einsam. Er warf sich über die Leiche nieder. Der Tod erschreckte ihn, ein heftiger Schmerz faßte ihn an: diese Züge, dieses stille Gesicht sollte verwesen – er warf sich nieder, er betete mit allem Jammer der Verzweiflung, daß Gott ein Zeichen an ihm tue und das Kind beleben möge; dann sank er ganz in sich und wühlte all seinen Willen auf einen Punkt. So saß er lange starr. Dann erhob er sich und faßte die Hände des Kindes und sprach laut und fest: »Stehe auf und wandle!« Aber die Wände hallten ihm nüchtern den Ton nach, daß es zu spotten schien, und die Leiche blieb kalt. Da stürzte er halb wahnsinnig nieder, dann jagte es ihn auf, hinaus ins Gebirg.

Wolken zogen rasch über den Mond; bald alles im Finstern, bald zeigten sie die nebelhaft verschwindende Landschaft im Mondschein. Er rannte auf und ab. In seiner Brust war ein Triumphgesang der Hölle. Der Wind klang wie ein Titanenlied. Es war ihm, als könnte er eine unge-

heure Faust hinauf in den Himmel ballen und Gott herbei-
reißen und zwischen seinen Wolken schleifen; als könnte er
die Welt mit den Zähnen zermalmen und sie dem Schöpfer
ins Gesicht speien; er schwur, er lästerte. So kam er auf die
Höhe des Gebirges, und das ungewisse Licht dehnte sich
hinunter, wo die weißen Steinmassen lagen, und der Himmel war ein dummes blaues Aug, und der Mond stand ganz
lächerlich drin, einfältig. Lenz mußte laut lachen, und mit
dem Lachen griff der Atheismus in ihn und faßte ihn ganz
sicher und ruhig und fest. Er wußte nicht mehr, was ihn
vorhin so bewegt hatte, es fror ihn; er dachte, er wolle jetzt
zu Bette gehn, und er ging kalt und unerschütterlich durch
das unheimliche Dunkel – es war ihm alles leer und hohl, er
mußte laufen und ging zu Bette.

PETER HUCHEL
Letzte Fahrt

Mein Vater kam im Weidengrau
und schritt hinab zum See,
das Haar gebleicht vom kalten Tau,
die Hände rauh vom Schnee.

Er schritt vorbei am Grabgebüsch,
er nahm den Binsenweg.
Hell hinterm Röhricht sprang der Fisch,
das Netz hing naß am Steg.

Sein altes Netz, es hing beschwert,
er stieß die Stange ein.
Der schwarze Kahn, von Nacht geteert,
glitt in den See hinein.

Das Wasser seufzte unterm Kiel,
er stakte langsam vor.
Ein bleicher Streif vom Himmel fiel
weithin durch Schilf und Rohr.

Die Reuse glänzte unterm Pfahl,
der Hecht schlug hart und laut.
Der letzte Fang war schwarz und kahl,
das Netz zerriß im Kraut.

Die nasse Stange auf den Knien,
die Hand vom Staken wund,
er sah die toten Träume ziehn
als Fische auf dem Grund.

Er sah hinab an Korb und Schnur,
was grau als Wasser schwand,
sein Traum und auch sein Leben fuhr
durch Binsen hin und Sand.

Die Algen kamen kühl gerauscht,
er sprach dem Wind ein Wort.
Der tote Hall, dem niemand lauscht,
sagt es noch immerfort.

Ich lausch dem Hall am Grabgebüsch,
der Tote sitzt am Steg.
In meiner Kanne springt der Fisch.
Ich geh den Binsenweg.

Ich habe oft versucht, mich mit der Gestalt meiner Mutter und der Gestalt meines Vaters auseinanderzusetzen, peilend zwischen Aufruhr und Unterwerfung. Nie habe ich das Wesen dieser beiden Portalfiguren meines Lebens fassen und deuten können. Bei ihrem fast gleichzeitigen Tod sah ich, wie tief entfremdet ich ihnen war. Die Trauer, die mich überkam, galt nicht ihnen, denn sie kannte ich kaum, die Trauer galt dem Versäumten, das meine Kindheit und Jugend mit gähnender Leere umgeben hatte. Die Trauer galt der Erkenntnis eines gänzlich mißglückten Versuchs von Zusammenleben, in dem die Mitglieder einer Familie ein paar Jahrzehnte lang beieinander ausgeharrt hatten. Die Trauer galt dem Zuspät, das uns Geschwister am Grab überlagerte und das uns dann wieder auseinandertrieb, ein jedes in sein eigenes Dasein. Nach dem Tod meiner Mutter versuchte mein Vater, dessen ganzes Leben unter dem Zeichen unermüdlicher Arbeit gestanden hatte, noch einmal den Anschein eines Neubeginnens zu wecken. Er begab sich auf eine Reise nach Belgien, um dort, wie er sagte, Geschäftsbeziehungen anzuknüpfen, im Grunde aber, um wie ein verwundetes Tier zu sterben. Er reiste als Gebrochener, konnte sich nur mit Hilfe zweier Stöcke mühsam bewegen. Als ich, nach der Mitteilung von seinem Tod in Gent, auf dem Brüsseler Flugplatz gelandet war, durchlebte ich beklommen den langen Weg, den mein Vater, mit seinen von Blutstockungen erschlafften Beinen, treppauf, treppab, durch Hallen und Korridore, hatte zurücklegen müssen. Es war Anfang März, ein klarer Himmel, ein scharfes Sonnenlicht, ein kalter Wind über Gent. Ich ging die Straße am Bahndamm entlang, auf das Hospital zu, in dessen Kapelle mein Vater aufgebahrt lag. Auf den Geleisen, hinter den kahlen, gestutzten Bäumen, rangierten die Güterzüge. Die

Wagen rollten und klirrten oben auf dem Bahndamm, als ich vor der Kapelle stand, die einer Garage glich, und deren Türflügel mir eine Schwester öffnete. Darinnen lag, neben einem mit Blumen und Kränzen bedeckten Sarg, mein Vater auf einem tuchverhangenen Gestell, gekleidet in seinen schwarzen Anzug, der ihm zu weit geworden war, in schwarzen Socken, die Hände auf der Brust gefaltet, und im Arm das eingerahmte Foto meiner Mutter. Sein gemagertes Gesicht war entspannt, das kaum ergraute, dünne Haar lag in einer weichen Locke um seine Stirn, etwas Stolzes, Kühnes, das ich früher nie an ihm wahrgenommen hatte, prägte seine Züge. Vollendet waren seine Hände, mit den ebenmäßigen, bläulich schimmernden Muscheln der Fingernägel. Ich strich über die kalte, gelbliche, straffe Haut der Hand, während einige Schritte hinter mir die Schwester draußen in der Sonne wartete. Ich erinnerte mich an meinen Vater, so wie ich ihn zuletzt gesehen hatte, unter einer Decke auf dem Sofa im Wohnzimmer liegend, nach der Beerdigung meiner Mutter, sein Gesicht grau und undeutlich, von Tränen verwischt, sein Mund den Namen der Verstorbenen stammelnd und flüsternd. Ich stand gefroren, spürte den kalten Wind, hörte Pfiffe und Dampfstöße vom Bahndamm her, und vor mir war ein Leben völlig abgeschlossen, ein ungeheurer Aufwand von Energien zum Nichts zerflossen, vor mir lag der Leichnam eines Mannes in der Fremde, nicht mehr erreichbar, in einem Schuppen am Eisenbahndamm, und im Leben dieses Mannes hat es Kontorräume und Fabriken, viele Reisen und Hotelzimmer gegeben, im Leben dieses Mannes hatte es immer große Wohnungen, große Häuser gegeben, mit vielen Zimmern voller Möbel, es hat im Leben dieses Mannes immer die Frau gegeben, die ihn erwartete im gemeinsamen Heim, und es hat die Kinder im Leben dieses Mannes gegeben, die Kinder, denen er immer auswich und mit denen er nie sprechen konnte, aber wenn er außer Hauses war, konnte er vielleicht Zärtlichkeit für seine Kinder spüren, und Verlangen nach ihnen, und immer trug er ihre Bilder bei sich, und sicher betrachtete er diese abgegriffenen, zerknitterten Bilder abends im Hotelzimmer, wenn er auf Reisen war, und sicher glaubte er, daß er bei seiner Rückkehr Vertrauen finden würde, doch wenn er zurückkam, gab es immer nur Enttäuschung und die Unmöglichkeit gegenseitigen Verstehens. Es hat im Leben dieses Mannes ein unablässiges Mühen um die Erhaltung von Heim und Familie gegeben, unter Sorgen und Krankheiten hat er, gemeinsam mit seiner Frau, sich am Besitz des Heims festgeklammert, ohne je ein Glück unter diesem Besitz zu erfahren. Dieser Mann, der jetzt verloren vor mir lag, hatte nie davon abgelassen, an das Ideal des bestehenden Heims zu glauben, doch seinen Tod hatte er fern von diesem Heim, allein in einem Krankenzimmer, erlitten, und als er die Hand im letzten Atemzug zur Klingel ausstreckte, war es vielleicht, um irgend etwas herbeizurufen, irgendeine Hilfe, irgendeine Erleichterung, angesichts der plötzlich aufsteigenden Kälte und Leere. Ich blickte in das Gesicht meines Vaters, ich lebte noch und bewahrte in mir das Wissen um die Existenz meines Vaters, sein Gesicht im Schatten wurde jetzt fremd, mit dem Ausdruck von Zufriedenheit lag er in seiner Entrücktheit, und irgendwo stand noch sein letztes Haus, über und über mit Teppichen, Möbeln, Topfgewächsen und Bildern gefüllt, ein Heim, das nicht mehr atmete, ein Heim, das er durch die Jahre der Emigration hindurch, durch ständige Übersiedlungen, Anpassungsschwierigkeiten und den Krieg hindurch, gerettet hatte. Später an diesem Tag wurde mein Vater in einen einfachen braunen Sarg, den ich bei der Begräbnisfirma gekauft hatte, gelegt, und die Schwester sorgte dafür, daß das Bild seiner Frau in seinem Arm steckenblieb, und zwei Dienstmänner trugen den Sarg, nachdem der Deckel festgeschraubt worden war, unterm unaufhörlichen Rollen und Scheppern der Güterzüge, zum Leichenwagen, dem ich in einem gemieteten Auto nachfuhr. Hier und da am Rand der Landstraße nach Brüssel zogen Bauern und Arbeiter, beleuchtet von der Nachmittagssonne, ihre Mützen vor dem schwarzen Wagen, in dem mein Vater ein letztes Mal durch ein fremdes Land reiste. Der Friedhof mit dem Krematorium lag auf einer Anhöhe außerhalb der Stadt, und die Grabsteine und kahlen Bäume waren von kaltem Wind umfahren. Im kreisrunden Saal der Andachtsstätte wurde der Sarg auf einen Sockel gestellt, ich stand daneben und wartete, und am Harmonium in einer Nische saß ein älterer Mann, mit dem Gesicht eines Trinkers, und spielte eine Psalmmelodie, und dann öffnete sich plötzlich im Mittelteil der Wand eine Schiebetür, und unmerklich hatte sich der Sockel mit dem Sarg in Bewegung gesetzt und glitt langsam, auf kaum sichtbaren, in den Boden eingelassenen Schienenstreifen, in die viereckige, kahle Kammer hinter der Tür, die sich wieder lautlos schloß. Zwei Stunden später holte ich die Urne mit der Asche vom Leib meines Vaters ab. Ich trug den mit einem Kreuz gekrönten, nach oben zu sich erweiternden Kasten, in dem die Urne klapperte, an den befremdeten Blicken von Personal und Gästen vorüber, in mein Hotelzimmer, wo ich ihn zuerst auf den Tisch stellte, dann auf das Fensterbrett, dann auf den Fußboden, dann in den Schrank und schließlich in die Garderobe. Ich ging hinab in die Stadt, um mir in einem Warenhaus Papier und Schnur zu kaufen, verpackte dann den Kasten und verbrachte die Nacht im Hotel, mit den Überresten meines Vaters in der Garderobe versteckt. Am nächsten Tag traf ich im Elternhaus ein, wo mich meine Stiefbrüder und deren Frauen, mein Bruder und seine Frau, meine Schwester und ihr Mann zur Beerdigung, Testamentsvollstreckung und Verteilung des Inventars erwarteten. In den folgenden Tagen vollzog sich die endgültige Auflösung der Familie. Eine Schändung und Zerstampfung fand statt, voll von Untertönen des Neids und der Habgier, obgleich wir nach außen hin einen freundlich überlegenen Ton besten Einvernehmens zu wahren suchten. Auch für uns, obgleich wir uns längst davon entfernt hatten, besaßen alle diese angesammelten Dinge ihren Wert, und plötzlich war mit jedem Ding eine Fülle von Erinnerungen verbunden.

KARLHEINZ DESCHNER
Stimmen aus Staub

Später trat anderes dazu, nach dem Kollaps schon, nach dem Tod meiner Mutter. Alles verschärfte, verdichtete, verdüsterte sich, Halluzinationen kamen, Schwermut, die Furcht verrückt zu werden, Gesichte, ich wuchs wie in ein Gespinst aus Melancholie, ich ging wie in einem ewigen Herbst, ich wurde heimgesucht von Träumen, Bedrückungen, ich sah das Fürchterliche in den Gesichtern der Meinen, sah es im Spiegel, ich sah es draußen auf meinen Gängen, wo ich ging und stand, alles um mich roch nach Tod, nach Verwesung, nach Untergang, ich nahm es mit in den Schlaf. Einmal wurden meine Füße im Traum ganz heiß. Sie standen wie unter Strom. Ich schrie: Reißt mir die Schuhe runter! Schnell! Schnell! Doch dann war die Spannung überall, das ganze Haus geladen, eine Mühle plötzlich, unheimlich bedroht, und die Maschinen bereiteten das Gräßliche vor. Gingen sie nicht schon heiser? Rochen sie nicht schon? Ich stürzte durch die Stockwerke, immer tiefer, immer rascher. Das Grauen wuchs. Ich brüllte: Mutter! Mutter! Ich sah meinen Vater in eine Ecke fliehn. Und war da nicht auch Mutter? War sie es nicht? Ich wollte sie schützen, mit dem Messer, mit gezücktem Messer. Doch da roch ich es schon. Es roch nach Knochenmehl. – Als ich erwachte, flog mein Herz noch, und neben mir atmete das Kind, unregelmäßig manchmal, flatternd, und ich horchte darauf und hatte von neuem Angst, große Angst.

Seither spüre ich, wie das Verhängnis schreitet; seit wir wußten, daß meine Mutter Krebs hatte. Ich trat dann immer, wenn sie fortging, ans Fenster und sah ihr nach. Ich vergaß schon so viel aus ihrem Leben, aber immer noch sehe ich mich so stehn, ihr nachblicken, sehe ich, wie sie im Weggehen noch einmal heraufschaut, wie sie mir zulächelt, winkt... Auch meinen Hund hab ich dann oft vom Fenster aus beobachtet, besonders als er alt wurde. Und dann sah ich meiner kleinen Tochter nach, wenn sie fortging, oder ich schaute zu, wenn sie, oft ganz allein, ganz still, auf dem Sandhaufen spielte, Sonne im Haar, Schatten, den Wind, und ich hoffte, das Verhängnis würde bei mir rascher schreiten. Ich wünschte es inständig, und doch fürchtete ich, es könnte zu rasch sein.

Manchmal, wenn ich damals wegfuhr, wenn ich schon im Zug saß und hinaussah, dachte ich plötzlich, vielleicht nie wieder, vielleicht niemals wieder, vielleicht passiert es diesmal, vielleicht das alles zum letztenmal, dies Haus, diesen Turm, diese Brücke, und wenn nicht heut, dann in einer Woche, einem Monat vielleicht, in einem Jahr, geschieht es jetzt, so geschieht es nicht in Zukunft, geschieht es nicht in Zukunft, so geschieht es jetzt, geschieht es jetzt nicht, ja, so war es, einmal mußte es sein, das Fürchterliche, das Unausweichliche, sag an, mein Freund, sag an, sage mir die Ordnung der Erde, die du schautest, ich wuchs wie in eine weiche graue Aura aus Verwesung, ich sah es überall, das Ende. Da lag etwas Braunes, Rostiges auf meinem Weg, mitten in der Frühlingssonne, im weißen Sand, wie ein auseinanderbröckelnder Nagel, wie Eisenfeilspäne um einen Magnetstab, und als ich mich bückte, erkannte ich lauter kleine Ameisen rings um einen halb verzehrten Regenwurm. Ich fand den Flügel eines Vogels, nur den Flügel. Er sah aus wie Gras. Ich erblickte einen Fuchs mit einem halben Rehkitz im Maul. Ich hörte ringsum Schüsse gluckern am Horizont. Fressen und gefressen werden, sagt Jahnn.

Immer wieder auch trugen sie jemand hinaus, und immer wieder stand ich dann auf und versuchte, durch die Bäume zu sehen, ein Rot von Ministranten, ein Weiß vom Pfarrer, Schuhe, Bewegungen, und in den Sonnenschein manchmal, den Regen hörte ich es murmeln: *Jetzt und in der Stunde unseres Todes.* Ich sah mich selber, sah mich in meinem Zimmer, an meinem Schreibtisch, an einem Wegrain, ich sah meinen Körper, etwas Langes, Raumverdrängendes, das plötzlich so merkwürdig unvertraut war, ich sah meine Beine, unendlich weit von mir, etwas fremdes, Seltsames, Abseitiges, ich sah sie im Sarg, sah sie unter der Erde, ich sah mich ausgelöscht, verfault. Sag an, mein Freund, sag an... Ich sage es dir nicht, ich sage es dir nicht. Sagte ich dir die Ordnung der Erde, die ich schaute, du müßtest dich setzen und weinen. Ich konnte irgendwo auf einem Markstein ruhn, an meine Mutter denken und plötzlich wünschen, mit einem Schlag ein Baum zu werden. Ich pflückte manchmal Schwämme, und wenn ich mich aufrichtete, wurde es mir schwarz vor den Augen. Ich roch im Sommer oft den warmen süßen stechenden Geruch von Aas im Wald. Dann blieb ich jedesmal stehn und sah mich um...

Ich spielte Beethoven, einen seiner schönen langsamen Sätze, und als ich abbrach, sagte meine Tochter, die vor dem Schlafengehen noch einmal hereingewischt war und ruhig auf der Couch lag, Papa? Ja? sagte ich. Papa, sagte sie und stotterte ein wenig, ich denk an die Oma, die tot ist. Sie hatte sich aufgerichtet und sah nachdenklich aus. Papa, sagte sie wieder, was hat denn die Oma gemacht, als die vielen Leute hier waren? Wann? fragte ich. Als die vielen Leute da waren im großen Zimmer? Auf einmal sah ich alles wieder, das Zimmer, den Sarg, meine Mutter im Sarg. Hm, sagte das Kind, hat die geschlafen oder war die tot? Ich schwieg. Ich schwieg lang. Aber sie sah mich an und wartete. Sag an, mein Freund, sag an... Endlich sagte ich, sie war tot. Tot? Ganz tot? Ich nickte. Und als sie in der Stadt war? Da war sie krank, da lag sie im Krankenhaus. Weißt du das noch? Sie hatte lange nicht mehr von meiner Mutter gesprochen. Jetzt aber nickte sie eifrig, ja, rief sie, ja, da hat sie uns ein Eis gegeben, ja, ein Eis. Bleib da, Papa, bat sie, bleib da! Geh nicht. Spiel noch. Ich denk an die Oma, die tot ist. Und dann spielte ich weiter, und sie legte sich wieder zurück, blickte zur Decke und man sah, daß sie dachte. Ist das von der Oma? fragte sie. Ja, ist das von ihr? Und ich nickte und spielte, und die Tränen liefen mir übers Gesicht, Kanäle von Tränen, wie es in jenem alten Epos heißt – wann war das, vor dreitausend, vor viertausend Jahren. Und dann kam E. und wollte Karin ins Bett holen. Aber sie weigerte sich. Nein, sagte sie, nicht. Ich denk an die Oma, die tot ist. Der Papa spielt von ihr. Du, Mama, war die Oma, als die vielen Leute da waren, war die da tot oder hat die geschlafen? Die war tot, sagt E. Tot? fragte meine Tochter wieder. Ganz tot? Ja, sagte meine Frau und nickte. Nein, rief das Kind. Die war nicht tot. Die war nicht tot. Ihre Augen strahlten, und sie lachte lautlos und sah uns an.

JÖRG FAUSER
Das Gewicht der Seele

Heute früh ein Brief aus Berlin.
Eine Freundin teilt mit, daß amerikanische
Wissenschaftler durch eine Wiegemethode
vor, während und nach dem Sterben
herausgefunden haben: beim
Überqueren des letzten Flusses
gehen dem Menschen 21 Gramm
Gewicht verloren,
das Gewicht,
nehme ich an,
der Seele.

Heute abend ein Anruf, ein Freund
in London ist gestorben,
31 Jahre, Hirnschlag,
jetzt schon verwesender Leib
minus 21 Gramm Seele.
Die Stadt Wien wirst du nicht mehr
abbrennen sehen, Benny, und nicht
den Planeten Venus.
Wie hieß das letzte Mädchen?
War die Maschine gut geölt,
was war im letzten Glas?
Und wem galt dein letzter
Zorn?

Wog deine Seele diesen Leib
nicht mehr auf und zerschlug
dir das Hirn?

Ratlos sitzen deine Freunde vor den Frauen,
seltsam schmecken die Getränke, kälter
scheint die Erde.

Freudlos sitze ich diese Nacht über den Tasten
und verstehe doch nichts anderes
als mich an die 21 Gramm zu klammern,
die meine Finger schreiben machen
und meine Träume vorbereiten
auf den Tod.

Josef schläft mit offenen Ohren, und die Mutter hält seine Hand und ihre der Pfarrer und ich die seine und meine andere liegt in Josefs Ermessen.

Der große Lehrer, der Heilige Geist, sitzt unter uns und reibt sich die Hände.

Spät in der Nacht geht der Pfarrer. Auch die Mutter geht und tut es behutsam.

Ich lösche das Licht. Ich ziehe den Stuhl dicht an sein Bett. Von draußen scheint Licht in die Stube, und ich kann sehen, daß er die Augen offen hat.

Wir sitzen nebeneinander und geben uns die Hände. Es vergeht einiges, bis er mich fragt, wohin wir jetzt gehn.

Ein weiteres vergeht und noch eins, denn was weiß ich. Und er fragt wieder und weiter: Wo gehn wir denn hin, wenn wir sterben? und lacht, als hätte ich ihm den Ort genannt und vergewissert sich nochmal, indem er nachfragt, ob ich wohl an ein Himmelreich gedacht – lacht und sagt: Ach was, es geht in den Wald!

Es hält meine Hand umschlungen mit seiner. Dann geh ich los, sagt er und will aufstehn. Und ich? sag ich.

Du und ich, wir sind sowieso gleich gleich, sagt er und umschlingt mich mehr.

Wieso ich, was soll ich im Wald, ich habe nicht genug zum Sterben. Ich brauche noch Jahre. Er umschlingt mich ganz.

Wir stehn auf sandigem Boden. 100 Meter vor uns beginnt der Wald und rauscht.

Aber ich will nicht und wehr mich, da fällt er von mir ab.

Ich ziehe ihm meine Hand weg, halte mich fest am Stuhl fest, die Lehnen sind spröde. Altes Hartholz, gibt nicht nach und bricht nicht. – Was war das? Alles ist klar hier und

selbstverständlich: halb abgeräumte und verlassene Tischge-
schichten, Totenbettumstände, Nachtzeit und Frost. Aber
was war das? Soll ich denn besser Licht machen? Damit ich
nicht entgleite, in Bilder hinein, die ich nicht übersehen
kann? Soll ich denn besser aufstehn und rausgehn, Mutter
wecken?

Josefs Hand liegt da, sie ist noch offen von eben. Sie ist
weiches Gewebe, beinah ohne Funktion.

Wie im Liebesverlangen reckt er die Finger. Die Räume
wachsen nach außen. Ich nehme die Hand wieder auf. Unsere Fingerkuppen laufen ineinander.

Über den Berg sind wir gestiegen und in den Windschat-
ten getreten. Hier stecken Stille und Dauer von je. Es gibt
keine Anzeichen von Tag und Nacht. Was ist sein Mund,
was seine Arme, was werden seine Schenkel, was seine Füße
genannt. Und man glaubt ein Haus zu sehn und es ist, als ob
Kühe fressen. Da ruft wahrhaftig einer seine Kuh. Da hat
wahrhaftig einer Holz gefällt.

Vorm Fenster bricht und knackt es. Der Frost geht kaputt.
Es wird wärmer.

Ach! Und ist es denn nötig, noch mal und wieder Atem
zu ziehn und Atem zu stoßen, Hunger zu fühlen und sich
zu fassen?

Josef wendet sich mir zu und zieht mich an.

Ein Mann liegt neben einer Frau, die sitzt. Sie wärmt ihm
seine kalte Hand und lacht. Gelächter über Gelächter.

Ich bin taub vom langen Sitzen und merke es, wie ich
aufstehn und nach der Uhr sehn will. Meine Füße sind eis-
kalt und meine Hand, die ich aus Josefs ziehn will, ist starr
wie seine. Ich muß seine Finger auseinanderbiegen.

Es ist schon 7 und immer noch still. Es ist Januar und
Sonntag, da kommen die Züge später.

Josef ist naßkalt. Sein Atem selten und fein. Das eine

Auge halb offen, sieht weit weg, das andre verschlossen mit
doppeltem Lid. Ich drücke ihm das halbe ganz zu.
    Geh fort, Herr, Josef, zieh weiter.

ELISABETH BORCHERS
Zwei schnelle Tode

I

Wie war das,
als ganz plötzlich –
während der Zug die Landschaft durchfuhr,
aufgeregt in der kalten Zeit,
mit Fliegern zwischen den Wolken,
schöne versilberte Amulette.
Wie war das,
als ganz plötzlich –
und niemand war da
auf ein Wort
und du hinausgetragen werden mußtest
auf der nächsten Station?

2

Wie war das,
als ganz plötzlich
du aufsahst vom Schreibtisch,
schnell noch die Pfeife ablegtest
und aufstandst vor Staunen.
Machten die Kinder Musik,
und die Frau schlief schon?

Wie war das,
als ganz plötzlich
und auf alle Zeit?

»Wir sind Protestleute gegen den Tod«

VERZWEIFLUNG UND TRAUER

FRIEDRICH RÜCKERT
Aus: *Kindertotenlieder*

Du bist ein Schatten am Tage
Und in der Nacht ein Licht;
Du lebst in meiner Klage
Und stirbst im Herzen nicht.

Wo ich mein Zelt aufschlage,
Da wohnst du bei mir dicht;
Du bist mein Schatten am Tage
Und in der Nacht mein Licht.

Wo ich auch nach dir frage,
Find ich von dir Bericht,
Du lebst in meiner Klage
Und stirbst im Herzen nicht.

Du bist ein Schatten am Tage
Und in der Nacht ein Licht;
Du lebst in meiner Klage
Und stirbst im Herzen nicht.

RAINER MARIA RILKE
Aus: *Requiem*

Ob man nicht dennoch hätte Klagefrauen
auftreiben müssen? Weiber, welche weinen
für Geld, und die man so bezahlen kann,
daß sie die Nacht durch heulen, wenn es still wird.
Gebräuche her! wir haben nicht genug
Gebräuche. Alles geht und wird verredet.
So mußt du kommen, tot, und hier mit mir
Klagen nachholen. Hörst du, daß ich klage?

Letzte Wache

Wie dunkel sind deine Schläfen
Und deine Hände so schwer,
Bist du schon weit von dannen
Und hörst mich nicht mehr?

Unter dem flackenden Lichte
Bist du so traurig und alt,
Und deine Lippen sind grausam
In ewiger Starre gekrallt.

Morgen schon ist hier das Schweigen
Und vielleicht in der Luft
Noch das Rascheln der Kränze
Und ein verwesender Duft.

Aber die Nächte werden
Leerer nun, Jahr um Jahr,
Hier, wo dein Haupt lag und leise
Immer dein Atem war.

INA SEIDEL
Totenmahl

Einmal noch als deine Gäste
Sitzen wir um deinen Tisch,
Schön gedeckt ist er zum Feste,
Blumen leuchten zart und frisch.
Laßt Kristall und Silber klirren,
Weil so fremd und unbeseelt
Heute unsre Stimmen schwirren...
Weh – die *eine* Stimme fehlt!

Nie in dieser Tafelrunde
Waren wir wie heut vereint,
Jeder birgt die gleiche Wunde,
Alle haben wir geweint.
Aber Wein und Speisen schieben
Wir mit Lächeln hin und her:
Lasset uns einander lieben,
Denn der *eine* Stuhl steht leer!

Wenn wir uns vom Mahl erheben –
Ach, wir wissen's nur zu gut –
Springt der Ring, der uns umgeben,
Bricht der Zauber, der hier ruht,
Sinken auf dem Herd die Flammen,
Der so selig Obdach bot –
Denn wer ruft uns jetzt zusammen?
Heimat – Heimat, *du* bist tot!

MASCHA KALÉKO
Memento

Vor meinem eignen Tod ist mir nicht bang,
Nur vor dem Tode derer, die mir nah sind.
Wie soll ich leben, wenn sie nicht mehr da sind?

Allein im Nebel tast ich todentlang
Und laß mich willig in das Dunkel treiben.
Das Gehen schmerzt nicht halb so wie das Bleiben.

Der weiß es wohl, dem gleiches widerfuhr;
– Und die es trugen, mögen mir vergeben.
Bedenkt: den eignen Tod, den stirbt man nur,
Doch mit dem Tod der andern muß man leben.

Kreuz der strasse..
Wir sind am end.
Abend sank schon..
Dies ist das end.
Kurzes wallen
Wen macht es müd?
Mir zu lang schon..
Der schmerz macht müd.
Hände lockten:
Was nahmst du nicht?
Seufzer stockten:
Vernahmst du nicht?
Meine strasse
Du ziehst sie nicht.
Tränen fallen
Du siehst sie nicht.

HERMANN HESSE
Bei der Nachricht vom Tod eines Freundes

Schnell welkt das Vergängliche.
Schnell stieben die verdorrten Jahre davon.
Spöttisch blicken die scheinbar ewigen Sterne.

In uns innen der Geist allein
Mag unbewegt schauen das Spiel,
Ohne Spott, ohne Schmerz.
Ihm sind »vergänglich« und »ewig«
Gleich viel, gleich wenig…

Aber das Herz
Wehrt sich, glüht auf in Liebe,

Und ergibt sich, welkende Blume,
Dem unendlichen Todesruf,
Dem unendlichen Liebesruf.

HERMANN KESTEN
Die Toten sind unzufrieden

Ich trage tausend Tote mit jedem Schritt.
Sie sehen mir zu, wenn ich schlafe.
Sie treten in meinen Traum und entführen ihn,
Illegitim wie Flugzeugräuber,
Ihre Gesichter sind schärfer als im Leben,
Und verwischt wie im Traum.
Im Kaffeehaus sitzen sie auf den leeren Stühlen
An meinem Tisch, und tun fremd,
Als wäre ich der Tote.
Ich stand mit dem Hut in der Hand
Auf den Friedhöfen der Christen,
Mit dem Hut auf dem Kopf zwischen Juden.
Ich habe tausend Tote begraben.
Ich habe Kaddisch gesagt nach meinem Vater.
Sie begruben ihn auf einem Soldatenfriedhof in Lublin.
Ein Jahr lang erschien er mir jede Nacht im Traum.
Ich lebe, sagte er mir zornig, und wandte sich ab.
Ich bin nicht schuld, schrie ich. Es ist ein Weltkrieg,
Sollte ich ihn verhindern?
In allen Erdteilen sind meine Toten beerdigt,
Welcher Wind verwehte sie?
In New York begrub ich meine Mutter.
Sie war neunzig. Hast du deinen Schal nicht vergessen,
Hermann? rief sie mir nach in sieben Ländern.
Durch sechzig Jahre.
Ich habe mehr Freunde unter der Erde als in meinem
                                                    Adreßbuch.

Straßen heißen nach ihnen. Denkmäler zeigen sie.
Der Auktionator versteigert ihre Briefe. Ihre Witwen
                                    tummeln sich,
Unter Tränen, versteht sich.
Einer schrieb ein Drama über meinen Freund Toller.
                                    Ernst Toller
Ist nicht darin. Am Grabe der Annette Kolb sprach
                                    ich kürzlich
Eine Grabrede. Das war in München. Sie starb mit
                                    hundert.
Wie kann man weiterleben, wenn einen die toten Freunde
In die Erde hinabziehn?
Ich lebe an Eurer Stelle, sage ich ihnen.
Ihr lebt in meinen Träumen.
Die Toten sind unzufrieden.

KURT MARTI
Wir sind Protestleute gegen den Tod

(Christoph Blumhardt)

dem herrn unserem gott
hat es ganz und gar nicht gefallen
daß gustav e. lips
durch einen verkehrsunfall starb

erstens war er zu jung
zweitens seiner frau ein zärtlicher mann
drittens zwei kindern ein lustiger vater
viertens den freunden ein guter freund
fünftens erfüllt von vielen ideen

was soll jetzt ohne ihn werden?
was ist seine frau ohne ihn?
wer spielt mit den Kindern?

wer ersetzt einen freund?
wer hat neue ideen?

HORST BIENEK
Trauerarbeit

In tiefer trauer
         plötzlich und unerwartet
für immer von uns gegangen
         verschied
wir haben die schmerzliche pflicht
         in den ewigen frieden heimgegangen
nach einem arbeitsreichen leben
                  verstarb
ist heimgegangen zu Gott
         völlig unerwartet
tiefbewegt geben wir kenntnis
         entschlief
zu sich in die ewigkeit aufgenommen
         in das ewige reich gegangen
hat Gott zu sich geholt
         entschlummert
von schwerem qualvollem leiden erlöst
         sanft entschlafen
in unermeßlichem ratschluß
         abberufen
wir nehmen abschied
         in aller stille erlöst
wir beklagen den Tod unsres teuren
                  fortgegangen
                  tot

KURT MARTI
Was kommt nach dem Tod?

was kommt nach dem tod?
   nach dem tod
   kommen die rechnungen
   für sarg, begräbnis und grab

was kommt nach dem tod?
   nach dem tod
   kommen die wohnungssucher
   und fragen ob die wohnung erhältlich

was kommt nach dem tod?
   nach dem tod
   kommen die grabsteingeschäfte
   und bewerben sich um den auftrag

was kommt nach dem tod?
   nach dem tod kommt
   die lebensversicherung
   und zahlt die versicherungssumme

was kommt nach dem tod?

»Sei still – hör auf den Wind«

TRAUER UND TROST

JOHANN CHRISTIAN GÜNTHER
Trostaria

Endlich bleibt nicht ewig aus,
Endlich wird der Trost erscheinen,
Endlich grünt der Hoffnungsstrauß,
Endlich hört man auf zu weinen,
Endlich bricht der Tränenkrug,
Endlich spricht der Tod: Genug!

Endlich blüht die Aloe,
Endlich trägt der Palmbaum Früchte,
Endlich schwindet Furcht und Weh,
Endlich wird der Schmerz zu nichte,
Endlich sieht man Freudental,
Endlich, Endlich kommt einmal.

JOHANN WOLFGANG GOETHE

Woher sind wir geboren?
    Aus Lieb.
Wie wären wir verloren?
    Ohn Lieb.
Was hilft uns überwinden?
    Die Lieb.
Kann man auch Liebe finden?
    Durch Lieb.
Was läßt uns lange weinen?
    Die Lieb.
Was soll uns stets vereinen?
    Die Lieb.

In Falun in Schweden küßte vor guten fünfzig Jahren und
mehr ein junger Bergmann seine junge hübsche Braut und
sagte zu ihr: »Auf Sankt Luciä wird unsere Liebe von des
Priesters Hand gesegnet. Dann sind wir Mann und Weib
und bauen uns ein eigenes Nestlein«, – »und Friede und
Liebe soll darin wohnen«, sagte die schöne Braut mit hol-
dem Lächeln, »denn du bist mein Einziges und Alles, und
ohne dich möchte ich lieber im Grab sein als an einem
andern Ort.« Als sie aber vor St. Luciä der Pfarrer zum
zweitenmal in der Kirche ausgerufen hatte: »So nun jemand
Hindernis wüßte anzuzeigen, warum diese Personen nicht
möchten ehelich zusammenkommen«, da meldete sich
der Tod. Denn als der Jüngling den andern Morgen in seiner schwarzen Bergmannskleidung an ihrem Haus vorbei-
ging, der Bergmann hat sein Totenkleid immer an, da
klopfte er zwar noch einmal an ihrem Fenster und sagte ihr
guten Morgen, aber keinen guten Abend mehr. Er kam
nimmer aus dem Bergwerk zurück, und sie säumte vergeb-
lich selbigen Morgen ein schwarzes Halstuch mit rotem
Rand für ihn zum Hochzeitstag, sondern als er nimmer
kam, legte sie es weg und weinte um ihn und vergaß ihn nie.
Unterdessen wurde die Stadt Lissabon in Portugal durch
ein Erdbeben zerstört, und der Siebenjährige Krieg ging
vorüber, und Kaiser Franz der Erste starb, und der Jesuiten-
Orden wurde aufgehoben und Polen geteilt, und die Kaise-
rin Maria Theresia starb, und der Struensee wurde hinge-
richtet, Amerika wurde frei, und die vereinigte französische
und spanische Macht konnte Gibraltar nicht erobern. Die
Türken schlossen den General Stein in der Veteraner Höhle
in Ungarn ein, und der Kaiser Joseph starb auch. Der
König Gustav von Schweden eroberte Russisch-Finnland,
und die Französische Revolution und der lange Krieg fing

an, und der Kaiser Leopold der Zweite ging auch ins Grab. Napoleon eroberte Preußen, und die Engländer bombardierten Kopenhagen, und die Ackerleute säeten und schnitten. Der Müller mahlte, und die Schmiede hämmerten, und die Bergleute gruben nach den Metalladern in ihrer unterirdischen Werkstatt. Als aber die Bergleute in Falun im Jahre 1809 etwas vor oder nach Johannis zwischen zwei Schächten eine Öffnung durchgraben wollten, gute dreihundert Ellen tief unter dem Boden, gruben sie aus dem Schutt und Vitriolwasser den Leichnam eines Jünglings heraus, der ganz mit Eisenvitriol durchdrungen, sonst aber unverwest und unverändert war; also daß man seine Gesichtszüge und sein Alter noch völlig erkennen konnte, als wenn er erst vor einer Stunde gestorben oder ein wenig eingeschlafen wäre an der Arbeit. Als man ihn aber zu Tag ausgefördert hatte, Vater und Mutter, Gefreunde und Bekannte waren schon lange tot, kein Mensch wollte den schlafenden Jüngling kennen oder etwas von seinem Unglück wissen, bis die ehemalige Verlobte des Bergmanns kam, der eines Tages auf die Schicht gegangen war und nimmer zurückkehrte. Grau und zusammengeschrumpft kam sie an einer Krücke an den Platz und erkannte ihren Bräutigam; und mehr mit freudigem Entzücken als mit Schmerz sank sie auf die geliebte Leiche nieder, und erst als sie sich von einer langen heftigen Bewegung des Gemüts erholt hatte, sagte sie endlich: »Es ist mein Verlobter, um den ich fünfzig Jahre lang getrauert hatte, und den mich Gott noch einmal sehen läßt vor meinem Ende. Acht Tage vor der Hochzeit ist er auf die Grube gegangen und nimmer gekommen.« Da wurden die Gemüter aller Umstehenden von Wehmut und Tränen ergriffen, als sie sahen die ehemalige Braut jetzt in der Gestalt des hingewelkten kraftlosen Alters und den Bräutigam noch in seiner jugendlichen Schöne, und wie in ihrer Brust nach 50 Jahren die Flamme der jugendlichen Liebe noch einmal erwachte; aber er öffnete den Mund nimmer zum

Lächeln oder die Augen zum Wiedererkennen; und wie sie ihn endlich von den Bergleuten in ihr Stüblein tragen ließ, als die einzige, die ihm angehöre und ein Recht an ihn habe, bis sein Grab gerüstet sei auf dem Kirchhof. Den andern Tag, als das Grab gerüstet war auf dem Kirchhof und ihn die Bergleute holten, schloß sie ein Kästlein auf, legte ihm das schwarzseidene Halstuch mit roten Streifen um und begleitete ihn in ihrem Sonntagsgewand, als wenn es ihr Hochzeitstag und nicht der Tag seiner Beerdigung wäre. Denn als man ihn auf dem Kirchhof ins Grab legte, sagte sie: »Schlafe nun wohl, noch einen Tag oder zehn im kühlen Hochzeitsbett, und laß dir die Zeit nicht lang werden. Ich habe nur noch wenig zu tun und komme bald, und bald wird's wieder Tag. – Was die Erde einmal wiedergegeben hat, wird sie zum zweitenmal auch nicht behalten«, sagte sie, als sie fortging und noch einmal umschaute.

ANNETTE VON DROSTE-HÜLSHOFF
Letzte Worte

Geliebte, wenn mein Geist geschieden,
So weint mir keine Träne nach;
Denn, wo ich weile, dort ist Frieden,
Dort leuchtet mir ein ewger Tag!

Wo aller Erdengram verschwunden,
Soll euer Bild mir nicht vergehn,
Und Linderung für eure Wunden,
Für euern Schmerz will ich erflehn.

Weht nächtlich seine Seraphsflügel
Der Friede übers Weltenreich,
So denkt nicht mehr an meinen Hügel,
Denn von den Sternen grüß ich euch!

Requiem

Seele, vergiß sie nicht,
Seele, vergiß nicht die Toten!

Sieh, sie umschweben dich,
Schauernd, verlassen,
Und in den heiligen Gluten,
Die den Armen die Liebe schürt,
Atmen sie auf und erwarmen,
Und genießen zum letzten Mal
Ihr verglimmendes Leben.

Seele, vergiß sie nicht,
Seele, vergiß nicht die Toten!

Sieh, sie umschweben dich,
Schauernd, verlassen,
Und wenn du dich erkaltend
Ihnen verschließest, erstarren sie
Bis hinein in das Tiefste.

Dann ergreift sie der Sturm der Nacht,
Dem sie, zusammengekrampft in sich,
Trotzten im Schoße der Liebe,
Und er jagt sie mit Ungestüm
Durch die unendliche Wüste hin,
Wo nicht Leben mehr ist, nur Kampf
Losgelassener Kräfte
Um erneuertes Sein!

Seele, vergiß sie nicht,
Seele, vergiß nicht die Toten!

Begrabe nur dein Liebstes! Dennoch gilt's
Nun weiterleben; – und im Drang des Tages,
Dein Ich behauptend, stehst bald wieder du.
– So jüngst im Kreis der Freunde war es, wo
Hinreißend' Wort zu lauter Rede schwoll;
Und nicht der Stillsten einer war ich selbst.
Der Wein schoß Perlen im kristallnen Glas,
Und in den Schläfen hämmerte das Blut; –
Da plötzlich in dem hellen Tosen hört ich
– Nicht Täuschung war's, doch wunderbar zu sagen –
Aus weiter Ferne hört ich eine Stille,
Und einer Stimme Laut, wie mühsam zu mir ringend,
Sprach todesmüd, doch süß, daß ich erbebte:
»Was lärmst du so, und weißt doch, daß ich schlafe!«

RAINER MARIA RILKE

O Herr, gib jedem seinen eignen Tod.
Das Sterben, das aus jenem Leben geht,
darin er Liebe hatte, Sinn und Not.

Der Tod der Geliebten

Er wußte nur vom Tod was alle wissen:
daß er uns nimmt und in das Stumme stößt.
Als aber sie, nicht von ihm fortgerissen,
nein, leis aus seinen Augen ausgelöst,

hinüberglitt zu unbekannten Schatten,
und als er fühlte, daß sie drüben nun
wie einen Mond ihr Mädchenlächeln hatten
und ihre Weise wohlzutun:

da wurden ihm die Toten so bekannt,
als wäre er durch sie mit einem jeden
ganz nah verwandt; er ließ die andern reden

und glaubte nicht und nannte jenes Land
das gutgelegene, das immersüße –
Und tastete es ab für ihre Füße.

HERMANN HESSE

Schmerz und Klage sind unsre erste, natürliche Antwort
auf den Verlust eines geliebten Menschen. Sie helfen uns
durch die erste Trauer und Not, sie genügen aber nicht, um
uns mit dem Toten zu verbinden.

Das tut auf primitiver Stufe der Totenkult: Opfer, Grab-
schmuck, Denkmäler, Blumen. Auf unsrer Stufe aber muß
das Totenopfer in unsrer eigenen Seele vollzogen werden,
durch Gedenken, durch genaueste Erinnerung, durch Wie-
deraufbau des geliebten Wesens in unsrem Innern. Vermö-
gen wir dies, dann geht der Tote weiter neben uns, sein Bild
ist gerettet und hilft uns den Schmerz fruchtbar zu machen.

Bald werden wir alle sterben, und alles Andenken wird dann von der Erde geschwunden sein, und wir selbst werden für eine kleine Weile geliebt und dann vergessen werden. Doch die Liebe wird genug gewesen sein; alle diese Regungen von Liebe kehren zurück zu der einen, die sie entstehen ließ. Nicht einmal eines Erinnerns bedarf die Liebe. Da ist ein Land der Lebenden und ein Land der Toten, und die Brücke zwischen ihnen ist die Liebe – das einzige Bleibende, der einzige Sinn.

ROBERT MUSIL
Sarkophagdeckel

Irgendwo hinten am Pincio, oder schon Villa Borghese, ruhen zwei Sarkophagdeckel aus unedlem Stein zwischen den Büschen im Freien. Sie stellen keine Kostbarkeit dar, sie liegen umher. Lang hingestreckt lagert auf ihnen das Ehepaar, das sich einst zum letzten Andenken hat abbilden lassen. Man sieht viele solcher Sarkophagdeckel in Rom; aber in keinem Museum und in keiner Kirche machen sie solchen Eindruck wie hier unter den Bäumen, wo sich die Figuren wie auf einer Landpartie ausgestreckt haben und eben aus einem kleinen Schlaf erwacht zu sein scheinen, der zweitausend Jahre gewährt hat.

Sie haben sich auf den Ellbogen gestützt und sehen einander an. Es fehlt nur der Korb mit Käse, Früchten und Wein zwischen ihnen.

Die Frau trägt eine Frisur mit kleinen Locken – gleich wird sie sie ordnen, nach der letzten Mode vor dem Einschlafen. Und sie lächeln einander an; lang, sehr lang. Du siehst weg: und noch immer tun sie es ohne Ende.

Dieser treue, brave, bürgerliche, verliebte Blick hat die

Jahrhunderte überstanden; er ist im alten Rom ausgesandt worden und kreuzt heute dein Auge.

Wundere dich nicht darüber, daß er vor dir andauert; daß sie nicht wegsehen oder die Augen senken: sie werden nicht steinern dadurch, sondern menschlich.

KÄTHE KOLLWITZ
Brief an die Kinder

Nordhausen, 17. 2. 1949

Einen Ausspruch von Stehr habe ich unterdes gehört, den ich so schön finde. Er sagt: Sterben ist ja nur, als ob man sich auf die andere Seite legt. Das ist schön, nicht wahr? Anders ist das nicht, man legt sich eben auf die andere Seite...

Ich bin immer bei Euch,
Eure Mutter.

GÜNTER BRUNO FUCHS
Für ein Kind

Ich habe gebetet. So nimm von der Sonne und geh.
Die Bäume werden belaubt sein.
Ich habe den Blüten gesagt, sie mögen dich schmücken.

Kommst du zum Strom, da wartet ein Fährmann.
Zur Nacht läutet sein Herz übers Wasser.
Sein Boot hat goldene Planken, das trägt dich.

Die Ufer werden bewohnt sein.
Ich habe den Menschen gesagt, sie mögen dich lieben.
Es wird dir einer begegnen, der hat mich gehört.

Ich war vor ein paar Wochen in einer Kneipe in der Alt-
stadt, stand an der Theke, trank ein Bier. In diese Kneipe
kommen vor allem ausländische Arbeiter: Türken, Spanier,
Italiener, Griechen. Sie reden miteinander oder schweigen,
trinken, denken an zu Hause. Ich döste vor mich hin. Es
war ein toller Lärm. Da kam ein alter Mann herein. Er hatte
wirres weißes Haar, war klein, gedrungen, ging schon ein
wenig nach vorn gebeugt. Er stellte sich neben mich, lehnte
sich an die Theke – und da bemerkte ich, daß er weinte.
Lautlos. Die Tränen rannen ihm einfach aus den Augen
über die Backen. Ich wollte ihn ansprechen, traute mich
jedoch nicht. Wahrscheinlich hatte er eine traurige Nachricht bekommen. Vielleicht war ein ihm lieber Mensch
gestorben. Oder er hat seine Arbeitsstelle verloren. Niemand wagte es, ihn anzusprechen. Mit einemmal geschah
es. Die Musikbox spielte ein griechisches Lied. Zaghaft fing
der alte Mann an, sich zu bewegen. Er stieß sich von der
Theke ab, hob die Arme, noch immer weinend, machte einige Tanzschritte. Ein Kreis bildete sich um ihn. Nicht
einer dachte daran mitzutanzen. Sie sahen ihm schweigend
zu. Immer heftiger tanzte er. Jetzt klatschten die Zuschauer
in die Hände. Ich auch. Ich war völlig gebannt von diesem
wunderbaren Tanz. Er drückte alles aus. Die große Trauer.
Den heftigen, unstillbaren Schmerz. Ich sah nicht mehr
den alten Mann, ich sah den Menschen, über den Unglück
gekommen war und der die Macht hatte, es auszudrücken.
Im Tanz. Er redete im Tanz mit sich und mit uns. Und alle
verstanden ihn. Er tanzte lange, in Schweiß geratend, heftig
atmend. Als er fertig war, trat ein jüngerer Mann auf ihn zu,
legte ihm den Arm um die Schulter und konnte jetzt zärtlich zu ihm sein, ihn trösten.

Dann werden wir kein Feuer brauchen
es wird die Erde voll Wärme sein
der Wald muß dampfen, die Meere
springen – Wolken die milchigen Tiere
drängen sich: ein mächtiger Wolkenbaum

Die Sonne ist blaß in all dem Glänzen
greifbar die Luft ich halte sie fest
ein hochtönender Wind
treibts in die Augen da weine ich nicht

Wir gehn bloßen Leibs
durch Wohnungen türenlos schattenlos
sind wir allein weil keiner uns folgt niemand
das Lager versagt: stumm
sind die Hunde sie wehren nicht
den Schritt mir zur Seite: ihre Zungen
aufgebläht ohne Ton sind taub

Nur Himmel umgibt uns und schaumiger Regen
                              Kälte
wird nie mehr sein, die Steine
die ledernen Blumen unsere Körper
                        wie Seide dazwischen
strahln Wärme aus Helligkeit
ist in uns wir sind silbernen Leibs

Morgen wirst du im Paradies mit mir sein

Hört auf, die Toten zu töten,
hört auf zu schreien, schreit nicht,
wenn ihr sie noch einmal vernehmen wollt,
wenn ihr hofft, nicht unterzugehen.

Ihr Gemurmel ist kaum Gemurmel,
geringer als des wachsenden Grases
ist ihr Geräusch, das ist froh
wo kein Mensch geht.

ARCHIBALD MACLEISH
Mistral über den Gräbern

Sei still – hörst du den Wind!
Hörst du den Nachtwind, der in den Palmen
splittert und sprüht, in den Pappeln –
Ah, flüstert er, ah, in den Föhren –
Hörst du den Wind? Sei still!

Sei still – hör auf den Wind.
Nirgends ein Laut, nur der Wind,
nicht das schlaflose Husten von Greisen.
Kein Klicken der kleinen Nägel auf Steinen.
Hörst du den Wind? Sei still!

Sei still – hör auf den Wind.
Das Geräusch der Menschen hier auf der Erde
                          ist wie das Rascheln
von kleinen Mäusen in einer windigen Scheune.

Lausche dem Wind, totes Herz, an der geschlossenen Tür –
Hör auf den Wind und sei still!

ROSE AUSLÄNDER
Aufwiedersehn III

Ade sagen
mit dem Wort winken

mit dem Wiederwort
       Wiederliebe
       Aufwiedersehn

jenseits der Berge
wo Schnee wächst

und eine Lilienlandschaft
wartet

ROSE AUSLÄNDER
Gruß und Lebewohl

Mit dem Tod verlobt
ins Leben verliebt

der Erde hörig
ich liege
den Sternen zu Füßen

Komme zu dir
Staubverwandter
mit herzlichem Gruß
und Lebewohl

ROSE AUSLÄNDER
Nicht vorüber

Was vorüber ist
ist nicht vorüber
Es wächst weiter
in deinen Zellen
ein Baum aus Tränen
oder
vergangenem Glück

GIUSEPPE UNGARETTI
Für immer

Ganz ohne Ungeduld werde ich träumen,
ich werde mich an die Arbeit machen,
die nie enden kann,
und nach und nach, gegen Ende,
kommen Arme den Armen entgegen,
öffnen sich wieder hilfreiche Hände,
Licht geben die wiederauflebenden Augen
in ihren Höhlen,
und du, plötzlich unversehrt,
wirst auferstehen, nochmals
wird deine Stimme mir Lenkerin sein,
für immer seh ich dich wieder.

»– aber vor allem: standhalten
dem Licht, der Freude
(wie unser Kind, als es sang)
im Wissen, dass ich erlösche
im Licht über Ginster,
Asphalt und Meer,
standhalten der Zeit,
beziehungsweise Ewigkeit im
Augenblick.
Ewig sein: gewesen sein.«

MARIE LUISE KASCHNITZ
Ein Leben nach dem Tode

Glauben Sie fragte man mich
An ein Leben nach dem Tode
Und ich antwortete: ja
Aber dann wußte ich
Keine Auskunft zu geben
Wie das aussehen sollte
Wie ich selber
Aussehen sollte
Dort

Ich wußte nur eines
Keine Hierarchie
Von Heiligen auf goldenen Stühlen
Sitzend
Kein Niedersturz
Verdammter Seelen
Nur

Nur Liebe frei gewordene
Niemals aufgezehrte
Mich überflutend

Kein Schutzmantel starr aus Gold
Mit Edelsteinen besetzt
Ein spinnwebenleichtes Gewand
Ein Hauch
Mir um die Schultern
Liebkosung schöne Bewegung
Wie einst von thyrrhenischen Wellen…
Wortfetzen
Komm du komm

Schmerzweb mit Tränen besetzt
Berg- und Talfahrt
Und deine Hand

Wieder in meiner
So lagen wir lasest du vor
Schlief ich ein
Wachte auf
Schlief ein
Wache auf
Deine Stimme empfängt mich
Entläßt mich und immer
So fort

Mehr also, fragen die Frager
Erwarten Sie nicht nach dem Tode?
Und ich antwortete
Weniger nicht

»Ich will Gesang, will Spiel und Tanz«

PIETÄTLOSE GEDANKEN ZUM SCHLUSS

So trolln wir uns ganz fromm und sacht
von dem Wein, Gelag und Freudenschmaus,
wenn uns der Tod ruft:
Gute Nacht, dein Stundenglas rinnt aus!
Wer heut noch frech den Schnabel wetzt
und glaubt ein großer Herr zu sein:
Pass auf, der Schreiner hobelt jetzt
schon grad an deinem Schrein!
          Doch scheint das Grab dir tief
              und dumpf sein Druck,
              Hollewotz und nimm noch einen Schluck
              und noch einen hinterher
              und noch zwei, drei mehr,
              dann stirbst du nicht so schwer.

Wer nach des Andern Liebster schielt
und hält sich noch als Nobelmann:
Paß auf, dem Spielmann, der dir spielt,
springst du ins Grab voran!
Und du, der blind vor Eifersucht
zerschmiß einst jedes Glas im Saal:
Wenn dich der Tod im Bett besucht:
Lang lebe dein Rival!
          Doch scheint das Grab dir tief…

Doch was hilft's, wenn du vor Wut auch spuckst,
der Tod ist keiner Münze feil.
Bei jedem Schlückchen, das du schluckst
schluckt schon der Wurm sein Teil!
Ob nieders Pack, ob hohe Herrn,
am Ende sind wir Brüder doch,
dann leuchtet uns der Abendstern
ins gleiche finstre Loch!
          Doch scheint das Grab dir tief…

Da streiten sich die Leut herum
Oft um den Wert des Glücks,
Der eine heißt den andern dumm,
Am End weiß keiner nix.
Das ist der allerärmste Mann,
Der andre viel zu reich,
Das Schicksal setzt den Hobel an
Und hobelt s' beide gleich.

Die Jugend will halt stets mit G'walt
In allem glücklich sein,
Doch wird man nur ein bissel alt,
Da findt man sich schon drein.
Oft zankt mein Weib mit mir, o Graus,
Das bringt mich nicht in Wut,
Da klopf ich meinen Hobel aus
Und denk, du brummst mir gut.

Zeigt sich der Tod einst mit Verlaub
Und zupft mich: Brüderl, kumm!
Da stell ich mich zu Anfang taub
Und schau mich gar nicht um.
Doch sagt er: Lieber Valentin,
Mach keine Umständ, geh!
Da leg ich meinen Hobel hin
Und sag der Welt adje!

HERMANN HESSE
Der Mann von fünfzig Jahren

Von der Wiege bis zur Bahre
sind es fünfzig Jahre,
dann beginnt der Tod.
Man vertrottelt, man versauert,
man verwahrlost, man verbauert
und zum Teufel gehn die Haare.
Auch die Zähne gehen flöten,
und statt daß wir mit Entzücken
junge Mädchen an uns drücken,
lesen wir ein Buch von Goethen.

Aber einmal noch vor'm Ende
will ich so ein Kind mir fangen,
Augen hell und Locken kraus,
nehm's behutsam in die Hände,
küsse Mund und Brust und Wangen,
zieh ihm Rock und Höslein aus.
Nachher dann, in Gottes Namen,
soll der Tod mich holen. Amen.

ERNST JANDL
sommerlied

wir sind die menschen auf den wiesen
bald sind wir menschen unter den wiesen
und werden wiesen und werden wald
das wird ein heiterer landaufenthalt

Großer Dankchoral

Lobet die Nacht und die Finsternis, die euch umfangen!
Kommet zuhauf
schaut in den Himmel hinauf:
Schon ist der Tag euch vergangen.

Lobet das Gras und die Tiere, die neben euch leben
                                    und sterben!
Sehet, wie ihr
lebet das Gras und das Tier
und es muß auch mit euch sterben.

Lobet den Baum, der aus Aas aufwächst jauchzend
                                    zum Himmel!
Lobet das Aas
lobet den Baum, der es fraß
aber auch lobet den Himmel.

Lobet von Herzen das schlechte Gedächtnis
                                    des Himmels!
Und daß er nicht
weiß euren Nam' noch Gesicht
niemand weiß, daß ihr noch da seid.

Lobet die Kälte, die Finsternis und das Verderben!
Schauet hinan:
Es kommet nicht auf euch an
und ihr könnt unbesorgt sterben.

JACQUES BREL
Ich will Gesang, will Spiel und Tanz

Adieu, mein Weib, ich liebte dich.
Adieu, mein Weib, ich liebte dich, du weißt.
Ich nehm den Zug zum lieben Gott.
Den Zug, der noch vor deinem geht.
Man nimmt grad den, der eben kommt.

Adieu, mein Weib, ich sterbe nun.
Es ist schwer, wenn man im Frühling stirbt, du weißt.
Ich drück die Augen fester zu,
dann weiß ich, du liest Messen
meiner Seelen Ruh.
    Ich will Gesang, will Spiel und Tanz,
    will, daß man sich wie toll vergnügt,
    ich will Gesang, will Spiel und Tanz,
    wenn man mich untern Rasen pflügt.

WOLFDIETRICH SCHNURRE
Ich sehe es so

Ich sehe es so. Der Sarg aus frischem Kiefernholz. Unverarbeitet, nur gehobelt. Man soll mich riechen können, auf dem Wege zum Grab. Die Grube, wo es sich einrichten läßt; natürlich Berlin. Der Stein unbehauen; Granit. Die Initialen genügen. Es dürfte auf keinen Fall der Eindruck entstehen, daß der Stein hingestellt worden sei. Es gibt keine stehenden Steine. Mein Grabstein soll liegen. Exakt überm Kopf. Wegen der Korrespondenz zwischen den beiden. Bepflanzung: Efeu; der macht keinem Mühe.

Am Grab keine Predigt, keine Ansprache, keine Musik. Aber jemand mit guter Stimme soll die schönste Geschichte der Welt am offenen Grab verlesen. Sie ist nicht lang, zweieinhalb Seiten nur etwa. Sie heißt *Unverhofftes Wiedersehen*, und es hat sie Johann Peter Hebel geschrieben. Ist die Geschichte verklungen, soll laut und vernehmlich am offenen Grab der Hinweis auf das Lokal oder die Kneipe erfolgen, wo im Anschluß jetzt der Leichenschmaus stattfinden wird. Ich bitte darum, schon am Grab, auf jeden Fall noch auf dem Friedhof, wieder Alltagsgespräche zu führen.

Es wäre schön, wenn am Leichenschmaus auch Kinder teilnehmen könnten. Ich bitte, so viele und unterschiedliche Gäste wie möglich zu laden. Als Gericht schlage ich Eisbein mit Erbspüree und Sauerkraut vor; damit hat man schon in meiner Kindheit erfolgreich von den Toten Abschied genommen. Getränke: Bier; Weiße rot, Weiße grün, je nach Belieben. Und Schnaps selbstverständlich; den klarsten, den man auftreiben kann. Es sollte eine Hillbilly-Band spielen; wenn nicht original, dann vom Band.

Wer es über sich brächte, könnte vielleicht einen halben Tag vorher fasten und sich während dieser Zeit meiner zu erinnern versuchen. *Dann* aber satt essen, bitte.

Ach ja: Und das Begräbnis sollte am Vormittag liegen. Warum den Leuten den Abend verderben.

KURT TUCHOLSKY
Letzte Fahrt

An meinem Todestag – ich werd ihn nicht erleben –
da soll es mittags rote Grütze geben,
mit einer fetten, weißen Sahneschicht…
Von wegen: Leibgericht.

Mein Kind, der Ludolf, bohrt sich kleine Dinger
aus seiner Nase – niemand haut ihm auf die Finger.
Er strahlt, als einziger, im Trauerhaus.
Und ich lieg da und denk: »Ach, polk dich aus!«

Dann tragen Männer mich vors Haus hinunter.
Nun faßt der Karlchen die Blondine unter,
die mir zuletzt noch dies und jenes lieh…
Sie findet: Trauer kleidet sie.

Der Zug ruckt an. Und alle Damen,
die jemals, wenn was fehlte, zu mir kamen:
vollzählig sind sie heut noch einmal da…
Und vorne rollt Papa.

Da fährt die erste, die ich damals ohne
die leiseste Erfahrung küßte, die Matrone
sitzt schlicht im Fond, mit kleinem Trauerhut.
Altmodisch war sie – aber sie war gut.

Und Lotte! Lottchen mit dem kleinen Jungen!
Briefträger jetzt? Wie ist mir der gelungen?
Ich sah ihn nie. Doch wo er immer schritt:
mein Postscheck ging durch sechzehn Jahre mit.

Auf rotem samtnen Kissen, im Spaliere,
da tragen feierlich zwei Reichswehroffiziere
die Orden durch die ganze Stadt,
die mir mein Kaiser einst verliehen hat.

Und hinterm Sarg mit seinen Silberputten,
da schreiten zwoundzwonzig Nutten –
sie schluchzen innig und mit viel System.
Ich war zuletzt als Kunde sehr bequem…

Das Ganze halt! Jetzt wird es dionysisch!
Nun singt ein Chor: Ich lächle metaphysisch.
Wie wird die schwarzgestrichne Kiste groß!
Ich schweige tief.
                    Und bin mich endlich los.

Auf eine Rundfrage

Wie mein Nachruf aussehen soll, weiß ich nicht. Ich weiß
nur, wie er aussehen wird. Er wird aus einer Silbe bestehen.
Pappa und Mamma sitzen am abgegessenen Abendbrot-
tisch und vertreiben sich ihre Ehe mit Zeitungslektüre. Da
hebt Er plötzlich, durch ein Bild von Dolbin erschreckt,
den Kopf und sagt: »Denk mal, der Theobald Tiger ist gestorben!« Und dann wird Sie meinen Nachruf sprechen. Sie
sagt:
     »Ach –!«

Frauenburger Grabspruch

Hier ruhet bis zum jüngsten Tag
des guten Johann Madensack.
Von allen Fressens und Saufens Gewalt
war plump er, feist und ungestalt:
Herr, schneid ihm doch die Speckschwart' fort,
und quetsch ihn durch die Himmelspfort!

Aichinger, Ilse

1921 in Wien geboren, lebt in Großgmain bei Salzburg
Spiegelgeschichte, S. 119; aus: Der Gefesselte. Erzählungen. © S.
Fischer Verlag GmbH, Frankfurt am Main 1953.

Ausländer, Rose

1901 in Czernowitz/Bukowina geboren, 1988 in Düsseldorf
gestorben
Federn, S. 35; aus: Noch ist Raum. Gedichte. Gilles und Francke
Verlag, Duisburg 1976. © S. Fischer Verlag GmbH, Frankfurt
am Main; *Ich denke,* S. 101; *Mein Atem,* S. 102; *Gruß und Lebewohl,*
S. 183; aus: Gesammelte Werke in sieben Bänden. Hrsg. von
Helmut Braun. Band 5: Ich höre/das Herz des Oleanders. Ge-
dichte 1977-1979. © S. Fischer Verlag GmbH, Frankfurt am
Main 1984-1986; *Aufwiedersehen III,* S. 183; aus: Gesammelte
Werke, a. a. O., Band 6: Wieder ein Tag aus Glut und Wind.
Gedichte 1980 – 1982; *Nicht vorüber,* S. 184; aus: Einverständnis.
© Pfaffenweiler Presse, 79292 Pfaffenweiler, 1980.

Bachmann, Ingeborg

1926 in Klagenfurt geboren, 1973 in Rom gestorben
Fall ab, Herz, S. 32; *Reklame,* S. 34; *Strömung,* S. 92; aus: Werke.
Band 1: Gedichte. Hrsg. von Christine Koschel, Inge von Wei-
denbaum und Clemens Münster. © Piper Verlag GmbH, München 1978.

Bartos-Höppner, Barbara

1923 in Eckersdorf/Schlesien geboren, lebt in Nottensdorf bei
Buxtehude
Meine Schwester, S. 138; aus: Schriftsteller erzählen von Gewalt.
Hrsg. von Hans Peter Richter. Engelbert Verlag, Balve 1976.
© Barbara Bartos-Höppner.

Bellmann, Carl Michael

1740 in Stockholm geboren, 1795 dort gestorben
So trolln wir uns, S. 189; Transkription von der Langspielplatte/
CD: Klaus Hoffmann, Ich will Gesang, will Spiel und Tanz.
BMG Ariola, Hamburg 1983.

Bergengruen, Werner

1892 in Riga geboren, 1964 in Baden-Baden gestorben
Leben eines Mannes, S. 45; aus: »Gestern fuhr ich Fische fangen …«. Hundert Gedichte. Hrsg. von N. Luise Hackelsberger. © 1992 by Arche Verlag AG, Raabe + Vitali, Zürich.

Berkéwicz, Ulla

1951 in Gießen geboren, lebt in Frankfurt am Main
Josef stirbt, S. 155; aus: Josef stirbt. © Suhrkamp Verlag Frankfurt am Main 1982.

Bichsel, Peter

1935 in Luzern geboren, lebt in Bellach
Ein Tisch ist ein Tisch, S. 49; aus: Kindergeschichten. Luchterhand Verlag, Neuwied und Berlin 1969. © Suhrkamp Verlag Frankfurt am Main; *Die Löwen,* S. 57; aus: Eigentlich möchte Frau Blum den Milchmann kennenlernen. 21 Geschichten. Walter Verlag, Olten 1964. © Suhrkamp Verlag Frankfurt am Main

Bienek, Horst

1930 in Gleiwitz geboren, 1990 in München gestorben
Trauerarbeit, S. 167; aus: Gefundene Gedichte. © 1969 Carl Hanser Verlag, München – Wien.

Blatter, Silvio

1946 in Bremgarten geboren, lebt in Zürich
Ein Schatten, S. 137; aus: Brände kommen unerwartet. Regenbogen Verlag, Zürich, 1968. © Silvio Blatter.

Borchers, Elisabeth

1926 in Homberg/Niederrhein geboren, lebt in Frankfurt am Main
Zwei schnelle Tode, S. 157; aus: Gedichte. Ausgewählt von Jürgen Becker. © Suhrkamp Verlag Frankfurt am Main 1976.

Brecht, Bertolt

1898 in Augsburg geboren, 1956 in Berlin gestorben
Die unwürdige Greisin, S. 59; *Über den Tod,* S. 117; *Großer Dankchoral,* S. 192; aus: Gesammelte Werke. werkausgabe edition suhrkamp. © Suhrkamp Verlag Frankfurt am Main 1967.

Brel, Jacques

1929 in Brüssel geboren, 1978 in Bobigny gestorben
Ich will Gesang, will Spiel und Tanz, S. 193; Transkription der 4. Strophe des Songs »Adieu Emile« (Original: Le Moribond«.

M + Orig. T: Jacques Brel/deutscher T.: Klaus Riedel) von der Langspielplatte/CD: Klaus Hoffmann, Ich will Gesang, will Spiel und Tanz. BMG Ariola, Hamburg 1983. © 1961 by EDITIONS PHILIPPE PARES/INTERSONG PARIS. Für Deutschland, Österreich: HANSEATIC MUSIKVERLAG GMBH, Hamburg.

Büchner, Georg

1813 in Goddelau bei Darmstadt geboren, 1837 in Zürich gestorben

Lenz, S. 143; aus: Lenz. Novelle. Mit einem Nachwort von Martin Greiner. Philipp Reclam jun. Verlag, Stuttgart 1979.

Busta, Christa

1915 in Wien geboren, 1987 dort gestorben

Der alte Fischer, S. 44; aus: Die Scheune der Vögel. Gedichte. © Otto Müller Verlag, Salzburg 1958.

Carossa, Hans

1878 in Bad Tölz geboren, 1956 in Rittsteig gestorben

Was einer ist, S. 116; aus: Sämtliche Werke. Band I. © Insel Verlag Frankfurt am Main 1962.

Claudius, Matthias

1740 in Rheinfeld/Holstein geboren, 1815 in Hamburg gestorben

Der Mensch, S. 24; *Motet*, S. 25; *Nach der Krankheit*, S. 76; *Der Tod*, S. 114; *Der Tod und das Mädchen*, S. 142; aus: Werke. J.G. Cotta'sche Buchhandlung, Stuttgart 1954.

Deschner, Karlheinz

1924 in Bamberg geboren

Stimmen aus dem Staub, S. 150; aus: PEN PROSA, Lyrik, Essays. Neue Texte deutsche Autoren. Erdmann Verlag, Tübingen und Basel 1971. Abdruck mit freundlicher Genehmigung von Karlheinz Deschner.

Droste-Hülshoff, Annette von

1797 auf Schloss Hülshoff bei Münster geboren, 1848 auf Schloss Meersburg gestorben

Letzte Worte, S. 174; aus: Sämtliche Werke. Hrsg. von C. Heselhaus. Carl Hanser Verlag, München 1952.

Eichendorff, Joseph von

1788 auf Schloss Lubowitz bei Ratibor geboren, 1857 in Neisse gestorben

Im Alter, S. 43; *Im Abendrot*, S. 105; aus: Werke. Hrsg. von G. Baumann. J. G. Cotta'sche Buchhandlung, Stuttgart 1953.

Fauser, Jörg

1944 in Bad Schwalbach geboren, 1987 in München gestorben
Das Gewicht der Seele, S. 153; aus: Trotzki, Goethe und das Glück. Gedichte. Rogner & Bernhard, München 1979. Abdruck mit freundlicher Genehmigung von Gabriele Fauser.

Feuerbach, Ludwig

1804 in Landshut, 1872 in Nürnberg gestorben
Der Tod enthüllt den Grund der Welt, S. 115; aus: Sämtliche Werke. Band III: Gedanken über Tod und Unsterblichkeit. Darin: Reimverse auf den Tod, S. 105. Leipzig 1846-1866.

Fontane, Theodor

1819 in Neuruppin geboren, 1898 in Berlin gestorben
Ausgang, S. 29; aus: Sämtliche Werke. Band XX: Balladen und Gedichte. Hrsg. von E. Groß und K. Schreinert. Nymphenburger Verlagshandlung, München 1962.

Frisch, Max

1911 in Zürich geboren, 1991 dort gestorben
»... *wir leben und sterben jeden Augenblick*«, S. 15; »– *aber vor allem: standhalten*«, S. 185; aus: Gesammelte Werke in zeitlicher Folge. werkausgabe edition suhrkamp. Band 4 bzw. 7. © Suhrkamp Verlag Frankfurt am Main 1976.

Fritz, Walter Helmut

1929 in Karlsruhe geboren, lebt in Karlsruhe
Greisin, S. 48; aus: Gesammelte Gedichte. Copyright © 1979 by Hoffmann und Campe Verlag, Hamburg; *Also fragen wir beständig*, S. 91; aus: Schwierige Überfahrt. Copyright © 1976 by Hoffmann und Campe Verlag, Hamburg.

Fuchs, Günter Bruno

1928 in Berlin geboren, 1977 dort gestorben
Für ein Kind, S. 179; aus: Akzente 4/1955. © 1955 Carl Hanser Verlag, München – Wien.

George, Stefan

1868 in Büdesheim geboren, 1933 in Minusio bei Locarno gestorben
Kreuz der strasse ..., S. 164; aus: Sämtliche Werke in 18 Bänden. Hrsg. von der Stefan George-Stiftung, Stuttgart. Band 6/7: Der

siebente Ring. Bearb. v. Ute Oelmann. Klett-Cotta, Stuttgart 1986.

Gleim, Johann Wilhelm Ludwig
1719 in Ermsleben geboren, 1803 in Halberstadt gestorben
Letztes Lied, S. 106; aus: Sämtliche Werke. Hrsg. von W. Körte. Leipzig 1811 ff.

Goethe, Johann Wolfgang
1749 in Frankfurt am Main geboren, 1832 in Weimar gestorben
Grenzen der Menschheit, S. 25; *Das Alter*, S. 39; *Woher sind wir geboren?*, S. 171; aus: Goethes Gedichte in zeitlicher Folge. Hrsg. von Heinz Nicolai. Insel Verlag Frankfurt am Main 1982.

Greif, Martin
1839 in Speyer geboren, 1911 in Kufstein gestorben
Vor der Ernte, S. 77; aus: Echtermeyer-Wittsack, Auswahl deutscher Gedichte. Weidmannsche Verlagsbuchhandlung, Berlin 1941.

Brüder Grimm
Jacob Grimm, 1785 in Hanau geboren, 1863 in Berlin gestorben
Wilhelm Grimm, 1786 in Hanau geboren, 1859 in Berlin gestorben
Die Lebenszeit, S. 41; *Der alte Großvater und der Enkel*, S. 46; aus: Kinder- und Hausmärchen. Gesammelt durch die Brüder Grimm. Drei Teile. Insel Verlag Frankfurt am Main 1981.

Gryphius, Andreas
1616 in Glogau geboren, 1664 dort gestorben
Es ist alles eitel, S. 23; *Tränen in schwerer Krankheit*, S. 75; aus: Lyrische Gedichte des Andreas Gryphius. Hrsg. von Julius Tittmann. Brockhaus Verlag, Leipzig 1880.

Günther, Johann Christian
1695 in Striegau/Schlesien geboren, 1723 in Jena gestorben
Trostaria (1. und letzte Strophe), S. 171; aus: Gesammelte Gedichte. Hrsg. von Herbert Heckmann. Carl Hanser Verlag, München 1981.

Gwerder, Alexander Xaver
1923 in Thalwil/Schweiz geboren, 1952 in Arles gestorben
Ohne Worte, S. 110; aus: Gesammelte Werke und Ausgewählte Briefe. Band I. © 1998 by Limmat Verlag, Zürich.

Härtling, Peter

1933 in Chemnitz geboren, lebt in Mörfelden-Walldorf und Tübingen

Trauer und Trost*, S. 180; aus: Geschichten für Kinder. Beltz Verlag, Weinheim 1988. © Peter Härtling 1975.

Haushofer, Marlen

1920 in Frauenstein geboren, 1970 in Wien gestorben

Die Ratte, S. 85; aus: Schreckliche Treue. Erzählungen. © 1992 Claassen Verlag Hildesheim, jetzt München.

Hebbel, Friedrich

1813 in Wesselburen/Holstein geboren, 1863 in Wien gestorben

Requiem, S. 175; aus: Gedichte. Cotta'sche Buchhandlung, Stuttgart 1857.

Hebel, Johann Peter

1760 in Basel geboren, 1826 in Schwetzingen gestorben

Unverhofftes Wiedersehen, S. 172; aus: Kalendergeschichten. Insel Verlag, Frankfurt am Main 1965.

Heine, Heinrich

1797 in Düsseldorf geboren, 1856 in Paris gestorben

Wo?, S. 28; aus: Sämtliche Schriften. Hrsg. von Klaus Briegleb. Carl Hanser Verlag, München 1968.

Helwig, Johann

1609 geboren, 1674 gestorben

Eine Sanduhr, S. 22; aus: Deutsche Dichtung des Barock. Hrsg. von Karl Pörnbacher. Carl Hanser Verlag, München, 6. Auflage 1979.

Herwegh, Georg

1817 in Stuttgart geboren, 1875 in Baden-Baden gestorben

Ich möchte hingehn wie das Abendrot, S. 106; aus: Werke in einem Band. Hrsg. von H. Tardel. Aufbau-Verlag, Berlin und Weimar 1975.

Hesse, Hermann

1877 in Calw geboren, 1962 in Montagnola bei Lugano gestorben

Stufen, S. 17; *Vergänglichkeit*, S. 31; *Knarren eines geknickten Astes*, S. 44; *Altwerden*, S. 72; *Leb wohl, Frau Welt*, S. 108; *Welkes Blatt*, S. 108; *Bei der Nachricht vom Tod eines Freundes*, S. 164; *Der Mann*

von fünfzig Jahren, S. 191; aus: Die Gedichte. Neu eingerichtet von Volker Michels. © Suhrkamp Verlag Frankfurt am Main 1992; *Der kleine Mohr*, S. 134; aus: Marbacher Magazin 12/1979. © Suhrkamp Verlag Frankfurt am Main; *Schmerz und Klage**, S. 177; aus: Mit der Reife wird man immer jünger. Betrachtungen und Gedichte über das Alter. Hrsg. von Volker Michels. Insel Verlag Frankfurt am Main 1990. © Suhrkamp Verlag Frankfurt am Main.

Heym, Georg

1887 in Hirschberg/Schlesien geboren, 1912 in Berlin gestorben

Die Bienen fallen ..., S. 31; *Letzte Wache*, S. 162; aus: Dichtungen und Schriften. Verlag Heinrich Ellermann, Hamburg und München 1964.

Hofmann von Hofmannswaldau, Christian

1617 in Breslau geboren, 1679 dort gestorben

Die Welt, S. 23; aus: Herrn von Hofmannswaldau und andrer Deutschen auserlesene und bisher ungedruckte Gedichte. Nach einem Druck vom Jahre 1697 hrsg. von A. G. de Capua und E. A. Philippson. Niemeyer Verlag, Tübingen 1961.

Hofmannsthal, Hugo von

1874 in Wien geboren, 1929 in Rodaun bei Wien gestorben

Ballade des äußeren Lebens, S. 30; aus: Gesammelte Werke in Einzelausgaben. Gedichte und lyrische Dramen. Hrsg. von Herbert Steiner. S. Fischer Verlag, Frankfurt am Main 1952; *Georg Büchner auf dem Totenbett*, S. 115; aus: Buch der Freunde. Tagebuch-Aufzeichnungen. Insel-Verlag, Leipzig 1929.

Hölderlin, Friedrich

1770 in Lauffen am Neckar geboren, 1843 in Tübingen gestorben

Hyperions Schicksalslied, S. 27; *Ehmals und jetzt*, S. 42; *Hälfte des Lebens*, S. 43; *Das Angenehme dieser Welt ...*, S. 105; aus: Werke und Briefe. Hrsg. von F. Beißner und J. Schmidt. Insel Verlag Leipzig 1969.

Huchel, Peter

1903 in Berlin geboren, 1981 in Staufen bei Freiburg gestorben

Letzte Fahrt, S. 144; aus: Die Sternenreuse. Gedichte 1925-1947. © Piper Verlag GmbH, München 1967.

Jandl, Ernst
   1925 in Wien geboren, 2000 dort gestorben
   sommerlied, S. 191; aus: poetische werke in 10 bänden. Hrsg.
   von K. Siblewski. Band 5. © Luchterhand Literaturverlag,
   München 1997.

Jünger, Ernst
   1895 in Heidelberg geboren, 1998 in Wilflingen gestorben
   Krankheiten sind Anfragen*, S. 75; aus: Besuch auf Godenholm.
   In: Sämtliche Werke. Band 15. Klett-Cotta, Stuttgart 1978.

Kaléko, Mascha
   1907 in Chrzanów bei Kraków geboren, 1975 in Zürich gestorben
   Memento, S. 163; aus: Verse für Zeitgenossen. © Eremiten-
   Presse, Düsseldorf 1978.

Kaschnitz, Marie Luise
   1901 in Karlsruhe geboren, 1974 in Rom gestorben
   Wann, wo, S. 78; *Ein Leben nach dem Tode*, S. 185; aus: Gesammelte
   Werke. Hrsg. von Christian Büttrich und Norbert Miller. Dritter
   Band: Die Autobiographische Prosa II. © Insel Verlag Frank-
   furt am Main 1982. Fünfter Band: Die Gedichte. © Insel Verlag
   Frankfurt am Main 1985.

Kesten, Hermann
   1900 in Nürnberg geboren, 1996 in Riehen bei Basel gestorben
   Die Toten sind unzufrieden, S. 165; aus: Ich bin der ich bin. Verse
   eines Zeitgenossen. Gedichte 1920-1974. Piper Verlag, München 1974. © Hermann Kesten Erben.

Kirsch, Sarah
   1935 in Limlingerode/Harz geboren, lebt in Tielenhemme/
   Schleswig-Holstein
   Dann werden wir kein Feuer brauchen, S. 181; aus: Werke in fünf
   Bänden. Erster Band. © 1999 Deutsche Verlags-Anstalt GmbH,
   Stuttgart.

Kollwitz, Käthe
   1867 in Königsberg geboren, 1945 in Moritzburg bei Dresden
   gestorben
   Brief an die Kinder, S. 179; aus: Literarische Auslese. Hrsg. von
   Wolfgang Erk. Radius Verlag, Stuttgart 1989. © Gebr. Mann
   Verlag, Berlin.

Kordon, Klaus

1943 in Berlin geboren, lebt in Schwalbach/Taunus
Einmal Amerika, S. 65; aus: Leben gegen die Angst. Geschichten von der Hoffnung. Hrsg. von Jo Pestum. Otto Maier Verlag, Ravensburg 1985. © Klaus Kordon.

Krüger, Horst

1919 in Magdeburg geboren, 2000 in Frankfurt am Main gestorben
Über das Alter, S. 46; aus: Zeitgelächter. Copyright © 1973 by Hoffmann und Campe Verlag, Hamburg.

Kunert, Günter

1929 in Berlin geboren, lebt in Kaisborstel/Holstein
Dahinfahren, S. 55; aus: Tagträume in Berlin und andernorts. Kleine Prosa, Erzählungen, Aufsätze. © 1974 Carl Hanser Verlag, München – Wien; *Meine Gedanken*, S. 80; aus: Akzente 6/77. © Günter Kunert.

Kunze, Reiner

1933 in Oelsnitz/Erzgebirge geboren, lebt in Obernzell-Erlau
Bittgedanke, dir zu Füßen, S. 78; aus: eines jeden einziges leben. © S. Fischer Verlag GmbH, Frankfurt am Main 1986.

Lasker-Schüler, Else

1869 in Elberfeld geboren, 1945 in Jerusalem gestorben
Weltende, S. 85; *Ich weiß*, S. 107; aus: Werke und Briefe. Herausgegeben von Norbert Oellers, Heinz Rölleke und Itta Shedletzky. Band 1.1: Gedichte. © Jüdischer Verlag im Suhrkamp Verlag Frankfurt am Main 1996.

Lessing, Gotthold Ephraim

1729 in Kamenz geboren, 1781 in Braunschweig gestorben
Zwei Briefe, S. 133; aus: Briefe von und an Gotthold Ephraim Lessing. Band 2. Göschen'sche Verlagsbuchhandlung, Leipzig 1907.

Luther, Martin

1483 in Eisleben geboren, 1546 dort gestorben
Mitten wyr ym leben…, S. 113; aus: Die deutschen und geistlichen Lieder. Hrsg. von G. Hahn. Max Niemeyer Verlag, Tübingen 1967.

MacLeish, Archibald

1892 in Glenoce bei Chicago geboren, 1982 in Boston gestorben
Mistral über den Gräbern, S. 182; aus: Groß und tragisch ist unsere

Geschichte. Übersetzt von Kurt Heinrich Hansen. Schwann Verlag, Düsseldorf 1950.

Malkowski, Rainer

1939 in Berlin geboren, lebt in Brannenburg am Inn
Die Alten, S. 71; aus: Was für ein Morgen. © Suhrkamp Verlag Frankfurt am Main 1975.

Marti, Kurt

1921 in Bern geboren, lebt dort
Der schrumpfende Raum, S. 53; *Neapel sehen*, S. 55; aus: Neapel sehen. Erzählungen. In: Werkauswahl in fünf Bänden. © 1996 Verlag Nagel & Kimche AG, Zürich; *Meine Angst läßt grüßen**, S. 79; aus: Im Sternzeichen des Esels. © 1995 Verlag Nagel & Kimche AG, Zürich; *Wir sind Protestleute gegen den Tod*, S. 166; *Was kommt nach dem Tod*, S. 168; aus: Namenszug mit Mond. Gedichte. In: Werkauswahl in fünf Bänden. © 1996 Verlag Nagel & Kimche AG, Zürich.

Meister, Ernst

1911 in Hagen geboren, 1979 dort gestorben
Lang oder kurz ist die Zeit, S. 33; *Ach, in der Todeshaut*, S. 33; aus: Im Zeitspalt. Gedichte. Luchterhand Verlag, Darmstadt 1976; *Im wandlosen Gefäß des Raums*, S. 118; aus: Wandloser Raum. Gedichte. Luchterhand Verlag, Darmstadt 1979. Abdruck der Gedichte mit freundlicher Genehmigung der Rimbaud Verlagsgesellschaft mbH, Aachen.

Menander

341 v. Chr. in Athen geboren, 291 v. Chr. dort gestorben
Wen die Götter lieben..., S. 39; zitiert nach: Büchmann, Geflügelte Worte. Droemersche Verlagsanstalt Th. Knaur Nachfolger, München und Zürich 1959, S. 67.

Michaux, Henri

1899 in Namur/Belgien geboren, 1984 in Paris gestorben
Tragt mich fort, S. 109; aus: Turbulenz im Unendlichen. Übertragen von Kurt Leonhardt. © Suhrkamp Verlag Frankfurt am Main 1961.

Musil, Robert

1880 in Klagenfurt geboren, 1942 in Genf gestorben
Sarkophagdeckel, S. 178; aus: Gesammelte Werke. Copyright © 1978 by Rowohlt Verlag GmbH, Reinbek.

Neumann, Walter
  1926 in Riga geboren, lebt in Bielefeld
  Der Tod wollte Gast sein, S. 77; aus: Wenn das Eis geht. Ein Lesebuch zeitgenössischer Lyrik. Hrsg. von Helmut Lamprecht.
  Verlag Atelier im Bauernhaus, Fischerhude 1983.
Novalis (Georg Philipp Friedrich von Hardenberg)
  1772 in Wiederstedt bei Mansfeld geboren, 1801 in Weißenfels
  gestorben
  Hymnen an die Nacht, S. 28; aus: Athenaeum. Band III. Berlin
  1800. Zitiert nach: Jacques Choron, Der Tod im abendländi-
  schen Denken. Ernst Klett Verlag, Stuttgart 1967, S. 13.
Pawlowa, Anna
  1881 in St. Petersburg geboren, 1931 in Den Haag gestorben
  Grabspruch der Anna Pawlowa, S. 109; Grabinschrift.
Raimund, Ferdinand
  1790 in Wien geboren, 1836 in Pottenstein gestorben
  Hobellied, S. 190; aus: Sämtliche Werke. Werke 1924-1934. Win-
  kler Verlag, München 1960.
Rilke, Rainer Maria
  1875 in Prag geboren, 1926 in Val Mont bei Montreux gestorben
  Schlußstück, S. 117; *Aus dem Requiem*, S. 161; *O Herr, gib jedem
  seinen eignen Tod*, S. 176; *Der Tod der Geliebten*, S. 177; aus: Sämt-
  liche Werke. Hrsg. von E. Zinn. © Insel Verlag Frankfurt am
  Main 1975.
Rückert, Friedrich
  1788 in Schweinfurt geboren, 1866 in Neuseß bei Coburg ge-
  storben
  Aus: Kindertotenlieder, S. 161; aus: Gedichte. Sauerländer Verlag,
  Frankfurt am Main 1884.
Sachs, Nelly
  1891 in Berlin geboren, 1970 in Stockholm gestorben
  Wer ruft?, S. 116; aus: Fahrt ins Staublose. © Suhrkamp Verlag
  Frankfurt am Main 1961.
Schiller, Friedrich
  1759 in Marbach am Neckar geboren, 1805 in Weimar gestor-
  ben
  Gesang der Barmherzigen Brüder, S. 115; aus: Werke. Insel Verlag,
  Leipzig o. J.

Schnurre, Wolfdietrich

1920 in Frankfurt am Main geboren, 1989 in Kiel gestorben
Ich sehe es so, S. 193; aus: Der Schattenfotograf. © Paul List Verlag, München 1978.

Schubart, Christian Friedrich Daniel

1739 in Obersontheim bei Schwäbisch Hall geboren, 1791 in Stuttgart gestorben
Der Greis, S. 39; aus: Deutsche geistliche Dichtung aus tausend Jahren. Hrsg. von F. Kemp. Kösel Verlag, München 1958.

Seidel, Ina

1885 in Halle/Saale geboren, 1974 in Ebenhausen bei München gestorben
Abschied, S. 138; *Totenmahl*, S. 162; aus: Gedichte. © 1955 Deutsche Verlags-Anstalt, Stuttgart.

Shiga, Naoya

1883 in Shinomaki geboren, 1971 in Tokio gestorben
Die Gegenwart des Todes* (erschienen unter dem Titel: *In Kinosaki*), S. 94; aus: Die besten Kurzgeschichten. Band 2: England, Irland, Amerika, Japan. Hrsg. von Hans A. Neunzig. Knaur Taschenbuch, München o. J. © by Nymphenburger in der F. A. Herbig Verlagsbuchhandlung München 1982.

Steiner, Jörg

1930 in Biel/Schweiz geboren
Entsorgung, S. 58; aus: Deutschland in kleinen Geschichten. Hrsg. von Hartmut von Hentig. © 1995 Deutscher Taschenbuch Verlag, München.

Storm, Theodor

1817 in Husum geboren, 1888 in Hademarschen gestorben
Begrabe nur dein Liebstes, S. 176; aus: Werke. Insel Verlag, Leipzig o. J.

Trakl, Georg

1887 in Salzburg geboren, 1914 in Krakau gestorben
Verfall, S. 29; aus: Dichtungen und Briefe. Hrsg. von W. Killy und H. Szklenar. Otto Müller Verlag, Salzburg 1969.

Tucholsky, Kurt

1890 in Berlin geboren, 1935 in Hindås bei Göteburg gestorben
Letzte Fahrt, S. 194; *Mein Nachruf*, S. 196; aus: Gesammelte

Werke. Copyright © 1960 by Rowohlt Verlag GmbH, Reinbek.

Ungaretti, Giuseppe

1888 in Alexandrien geboren, 1970 in Mailand gestorben

Ich bin eine Kreatur, S. 92; *Finale*, S. 130; *Für immer*, S. 184; aus: Gedichte. Italienisch und Deutsch. Übertragen von Ingeborg Bachmann. Suhrkamp Verlag Frankfurt am Main 1961; *Hört auf zu schreien*, S. 182; aus: Museum der modernen Poesie. Eingerichtet von Hans Magnus Enzensberger. © Suhrkamp Verlag Frankfurt am Main 1960. Übersetzt von Hans Magnus Enzensberger.

Wander, Maxie

1933 in Wien geboren, 1977 in Kleinmachnow bei Berlin gestorben

Leben wär' eine prima Alternative, S. 81; aus: Tagebücher und Briefe. Hrsg. von Fred Wander. Deutscher Taschenbuch Verlag, München 1994. © Fred Wander.

Weiss, Peter

1916 in Nowawes bei Berlin geboren, 1982 in Stockholm gestorben

Der Tod des Vaters*, S. 146; aus: Abschied von den Eltern. © Suhrkamp Verlag Frankfurt am Main 1962.

Wilder, Thornton

1897 in Madison/USA geboren, 1975 in Handen/USA gestorben

Bald werden wir alle sterben*, S. 178; aus: Literarische Auslese. Hrsg. von Wolfgang Erk. Radius Verlag, Stuttgart 1989. Abdruck mit freundlicher Genehmigung der S. Fischer Verlag GmbH, Frankfurt am Main.

Ungenannte und unbekannte Verfasser

Brief einer alten Bäuerin: Mein lieber Sohn …, S. 70; aus: Luise Rinser, Mein Lesebuch. Fischer Taschenbuch Verlag, Frankfurt am Main 1980.

Schnitter Tod, S. 113; aus: Deutsche Dichtung des Barock. Hrsg. von Karl Pörnbacher. Carl Hanser Verlag, 6. Auflage München 1979.

Kurz vor seinem Tod, S. 117; Dem Herausgeber der vorliegenden
   Anthologie mitgeteilt.

Frauenburger Grabspruch, S. 196; aus: Otto Miller, Wo nimmt man
   jetzt das Lachen her? Verlag Glock und Lutz, Nürnberg o. J.

Alles hat seine Zeit, S. 20; *Unser Leben währet siebzig Jahre*, S. 39; aus:
   Das Alte Testament. Prediger 3,1-8 und 19,20; Psalm 90,10 u. 12.
   In: Zürcher Bibel. Württembergische Bibelanstalt, Stuttgart
   o. J.

Die mit einem * versehenen Titel stammen vom Herausgeber.

»Durch das Jahr«
Anthologien
im insel taschenbuch

Das Insel-Buch der Bäume. Herausgegeben von Gottfried Honnefelder. it 1041. 286 Seiten

Frische Feigen. Ein literarischer Früchtekorb. Herausgegeben von Hans Ulrich Hirschfelder. it 2646. 220 Seiten

Frohe Ostern. Geschichten und Gedichte. Herausgegeben von Franz-Heinrich Hackel. it 2372. 214 Seiten

Das Frühlingsbuch. Gedichte und Prosa. Herausgegeben von Hans Bender und Nikolaus Wolter. it 914. 238 Seiten

Das Gartenbuch. Gedichte und Prosa. Ausgewählt von Hans Bender. Mit farbigen Fotografien. it 1803. 273 Seiten

Das Herbstbuch. Gedichte und Prosa. Herausgegeben von Hans Bender. it 657. 262 Seiten

Lektüre im Garten. Ausgewählt von Franz-Heinrich Hackel. it 1967. 290 Seiten

Meine erste Reise. Sechzehn wahre Geschichten. Herausgegeben von Hans Scherer. it 2196. 197 Seiten

Narrenzeit. Geschichten und Bilder von argen Schelmen, seltsamen Käuzen und buntscheckigem Volk. Herausgegeben von Walter Gerlach. it 2274. 271 Seiten

Ostern in Rom. Herausgegeben von. Stefan Janson. it 2596. 234 Seiten

NF 17/1/4.00

Das Regenbuch. Herausgegeben von Simone Frieling.
it 2579. 224 Seiten

Die Rose. Herausgegeben von Beatrix Müller-Kampel.
it 2619. 220 Seiten

Schwimmen. Texte und Bilder. Herausgegeben von Gisela
Linder. it 2523. 140 Seiten

Das Sommerbuch. Gedichte und Prosa. Herausgegeben von
Hans Bender. it 847. 230 Seiten

Ein Sommer wie im Märchen. Geschichten für den Reisekoffer, gepackt von Franz-Heinrich Hackel.
it 1728. 286 Seiten

Sommerliebe. Zärtliche Geschichten für den Reisekoffer,
gepackt von Franz-Heinrich Hackel. it 1728. 350 Seiten

Das Winterbuch. Gedichte und Prosa. Herausgegeben von
Hans Bender und Hans Georg Schwank. it 728. 252 Seiten

Wolken. Gedanken des Himmels. Gedichte, Prosa und far-
bige Bilder. Ausgewählt von Charitas Jenny-Ebeling.
it 1871. 246 Seiten

NF 17/2/4.00

»Das Leben lieben«
Anthologien
im insel taschenbuch

Einsamkeiten. Ein Lesebuch. Herausgegeben von Ilma Rakusa. it 1691. 230 Seiten

Glück. Erkundigungen, eingeholt von Gottfried Honnefelder. it 1459. 377 Seiten

Orte der Seele. Gedanken über das Jenseits. Herausgegeben von Hans-Joachim Simm. it 2238. 327 Seiten

Über die Freundschaft. Herausgegeben von Hans-Ulrich Müller-Schwefe. it 1783. 227 Seiten

Vom Abschied. Eine Gedichtsammlung. Herausgegeben von Margot Litten. it 694. 177 Seiten

Vom Geheimnis der alltäglichen Dinge. Gedanken, Betrachtungen und Erfahrungen. Herausgegeben von Johannes Werner. it 2172. 193 Seiten

Vom Mitleid. Die heilende Kraft. Herausgegeben von Ulrich Kronauer. it 2503. 208 Seiten

Von der Gelassenheit. Texte zum Nachdenken. Herausgegeben von Hans-Joachim Simm. it 2105. 170 Seiten

Von der Würde des Menschen. Ausgewählt von Hans-Joachim Simm. it 2545. 160 Seiten

Was also ist die Zeit? Erfahrungen der Zeit, gesammelt von Gottfried Honnefelder. it 1774. 284 Seiten

»Liebe«
Anthologien
im insel taschenbuch

An mein Kind. Gedichte an Töchter und Söhne.
it 2227. 146 Seiten

Liebe Mutter. Eine Sammlung von Elisabeth Borchers
it 230. 327 Seiten

Casanova-Geschichten. Ausgewählt von Erich Kleßmann.
it 2117. 361 Seiten

Die Kunst der Verführung. Herausgegeben von Birgit
Haustedt. Mit zahlreichen Abbildungen. it 1837. 279 Seiten

Der Kuß. Von der schönsten Sache der Welt. Herausgegeben
von Doris Maurer. it 2168. 190 Seiten

Liebe und Eros. Spurensuche für Liebende. Herausgegeben
von Bernhard Kytzler. it 1613. 260 Seiten

Matrosen sind der Liebe Schwingen. Homosexuelle Poesie
von der Antike bis zur Gegenwart. Herausgegeben von
Joachim Campe. it 1599. 188 Seiten

Ovid. Liebeskunst. Mit Abbildungen nach etruskischen
Wandmalereien. it 164. 113 Seiten

Über die Liebe. Gedichte und Interpretationen aus der
»Frankfurter Anthologie«. Herausgegeben von Marcel Reich-
Ranicki. it 794. 346 Seiten

Die schönsten Liebesgedichte. Herausgegeben von Sigrid Damm. it 1872. 167 Seiten

Die schönsten Liebesgeschichten. Ausgewählt von Elisabeth Borchers. it 2213. 375 Seiten

NF 19/2/4.00

»Lyrik«
Anthologien im insel taschenbuch
Eine Auswahl

An mein Kind. Gedichte an Töchter und Söhne.
it 2227. 146 Seiten

**Gedichte und Interpretationen aus der »Frankfurter
Anthologie«.** Herausgegeben von Marcel Reich-Ranicki.
it 794. 346 Seiten

Die schönsten Liebesgedichte. Herausgegeben von Sigrid
Damm. it 1872. 167 Seiten

Ganz mein Herz dir hingegeben. Gedichte der englischen
Romantik. Herausgegeben von Norbert Kohl. Mit farbigen
Abbildungen. it 2180. 233 Seiten

Gedichte berühmter Frauen. Von Hildegard von Bingen
bis Ingeborg Bachmann. it 2555. 384 Seiten

Das Poesiealbum. Verse zum Auf- und Abschreiben. Mit Bildern und Vignetten. Ausgewählt von Elisabeth Borchers.
it 414. 138 Seiten

Literatur der Moderne
im insel taschenbuch
Eine Auswahl

Max Frisch
- Homo faber. Ein Bericht. it 2344. 298 Seiten
- Skizze eines Unglücks. Erzählungen aus dem Tagebuch
  1966-1971. Großdruck. it 2391. 108 Seiten

Hermann Hesse
- Die Antwort bist du selbst. Briefe an junge Menschen.
  Herausgegeben von Volker Michels. it 2583. 130 Seiten
- Bäume. Betrachtungen und Gedichte mit Fotografien.
  Zusammenstellung der Texte von Volker Michels.
  it 455. 140 Seiten
- Eigensinn macht Spaß. Individuation und Anpassung.
  Ein Lesebuch. Zusammengestellt von Volker Michels.
  it 2373. 275 Seiten
- Farbe ist Leben. Eine Auswahl seiner schönsten Aquarelle.
  Vorgestellt von Volker Michels. it 1810. 173 Seiten
- Franz von Assisi. Mit Fresken von Giotto und einem Essay
  von Wagner. it 1069. 128 Seiten
- Freude am Garten. Betrachtungen, Gedichte und Fotogra-
  fien. Mit farbigen Abbildungen des Dichters.
  it 1329. 234 Seiten
- Gedichte des Malers. Zehn Gedichte mit farbigen Zeich-
  nungen. it 893. 29 Seiten
- Jedem Anfang wohnt ein Zauber inne. Lebensstufen.
  Ein Lesebuch. Zusammengestellt von Volker Michels.
  it 2357. 281 Seiten
- Kurgast. Großdruck. it 2386. 240 Seiten
- Lebenszeiten. Ein Brevier, ediert von Siegfried Unseld
  Mit Abbildungen und Dokumenten. Großdruck.
  it 2343. 290 Seiten

- Luftreisen. Herausgegeben von Volker Michels. Mit zahl-
  reichen Abbildungen
  it 1604. 81 Seiten
- Magie der Farben. Aquarelle aus dem Tessin.
  Mit Betrachtungen und Gedichten zusammengestellt von
  Volker Michels. it 482. 117 Seiten
- Mit der Reife wird man immer jünger. Betrachtungen und
  Gedichte über das Alter. Mit Fotografien von Martin Hesse
  Herausgegeben von Volker Michels. Großdruck.
  it 2311. 191 Seiten
- Piktors Verwandlungen. Ein Liebesmärchen vom Autor
  handgeschrieben und illustriert, mit ausgewählten Gedich-
  ten und einem Nachwort versehen von Volker Michels.
  it 122. 91 Seiten
- Schmetterlinge. Betrachtungen, Erzählungen und Gedichte.
  Zusammengestellt und mit einem Nachwort versehen von
  Volker Michels. 385. 97 Seiten
- Tessin. Betrachtungen, Gedichte und Aquarelle. Heraus-
  gegeben und mit einem Nachwort versehen von Volker
  Michels.it 1494. 314 Seiten
- Vogel. Ein Märchen. it 2399. 60 Seiten
- Wanderung. Aufzeichnungen. Mit 14 Aquarellen.
  it 2354. 136 Seiten
- Wolken. Betrachtungen und Gedichte. Herausgegeben
  und mit einem Nachwort versehen von Volker Michels.
  Mit Bildern von Thomas Schmid. Großdruck.
  it 2367. 189 Seiten
- Wunder der Liebe. Liebesgedichte. Herausgegeben und
  mit einem Nachwort versehen von Volker Michels.
  it 2263. 125 Seiten
- Der Zwerg. Ein Märchen. Mit Illustrationen von Rolf
  Köhler. it 636. 72 Seiten

Marie Luise Kaschnitz
- Beschreibung eines Dorfes. Fotografien von M. Grünwald. it 665. 66 Seiten
- Eisbären. Ausgewählte Erzählungen. it 4. 176 Seiten
- Elissa. Roman. it 1694. 188 Seiten
- Liebe beginnt. Roman. it 1603. 180 Seiten
- Liebesgeschichten. Ausgewählt von Elisabeth Borchers. it 2536. 160 Seiten
- Menschen und Dinge 1945. Zwölf Essays. Mit einem Nachwort von Karl Krolow. it 1710. 116 Seiten
- Mit Marie Luise Kaschnitz durch Rom. Herausgegeben von Iris Schnebel-Kaschnitz und Michael Marschall von Bieberstein. Mit Fotografien von Mario Clementi. it 2607. 196 Seiten
- Orte und Menschen. Aufzeichnungen. Mit einem Nachwort von Marcel Reich-Ranicki. it 1361. 176 Seiten
- Steht noch dahin. it 1729. 88 Seiten
- Tage, Tage, Jahre. Aufzeichnungen. it 1453. 365 Seiten
- Zwischen Immer und Nie. Gestalten und Themen der Dichtung. it 1527. 318 Seiten

Wolfgang Koeppen
- Die Erben von Salamis oder Die ernsten Griechen. Mit Fotografien. it 2401. 80 Seiten
- Reisen nach Frankreich. Mit farbigen Fotografien von Angelika Dacqmine. it 2218. 170 Seiten

Rainer Maria Rilke
- Erste Gedichte. Larenopfer. Traumgekrönt. Advent it 1090. 167 Seiten
- Frühe Gedichte. it 878. 117 Seiten
- Gedichte aus den Jahren 1902 bis 1917. it 701. 236 Seiten
- Ausgesetzt auf den Bergen des Herzens. Gedichte aus den Jahren 1906 bis 1926. it 98. 206 Seiten

- Gedichte aus den späten Jahren. Herausgegeben von Franz-Heinrich Hackel. it 1178. 139 Seiten
- »Und ist ein Fest geworden«. Dreiunddreißig Gedichte mit Interpretationen. it 2611. 160 Seiten
- Geschichten vom lieben Gott. Mit Illustrationen von E. R. Weiß. it 43. 109 Seiten
- Die Letzten. Im Gespräch. Der Liebende. it 935. 76 Seiten
- Die Erzählungen. it 1717. 434 Seiten
- Worpswede. Fritz Mackensen. Otto Modersohn. Fritz Overbeck. Hans am Ende. Heinrich Vogeler. Mit zahlreichen Abbildungen und Farbtafeln im Text. it 1011. 236 Seiten
- Auguste Rodin. Mit sechsundneunzig Abbildungen. it 766. 143 Seiten
- Briefe über Cézanne. Mit siebzehn farbigen Abbildungen. it 672. 140 Seiten
- Über moderne Malerei. Herausgegeben von Martina Krießbach-Thomasberger. Mit zahlreichen farbigen Abbildungen. it 2546. 182 Seiten
- Das Florenzer Tagebuch. Herausgegeben von Ruth Sieber-Rilke und Carl Sieber. it 1597. 116 Seiten
- Die Liebenden. Die Liebe der Magdalena. Portugiesische Briefe. Die Sonette der Louïze Labé. Großdruck. it 2366. 126 Seiten
- Reise nach Ägypten. Briefe, Gedichte, Notizen. Herausgegeben von Horst Nalewski. it 2699. 120 Seiten

Rainer Maria Rilke/Lou Andreas-Salomé. Briefwechsel. Erweiterte Ausgabe. it 1217. 647 Seiten

Mit Rilke durch die Provence. Herausgegeben von Irina Frowen. Mit farbigen Fotografien von Constantin Beyer. it 2148. 126 Seiten

Rilke für Gestreßte. Ausgewählt von Vera Hauschild.
it 2191. 100 Seiten

Hertha König. ›Erinnerungen an Rainer Maria Rilke‹ und
›Rilkes Mutter‹. Mit Abbildungen von Joachim W. Storck.
it 2607. 140 Seiten

NF 25/5/8.00